FAQ – Wissensmanagement
100 Fragen – 100 Antworten

2., erweiterte Auflage

Thomas Röllecke, Lothar Becker, Simon Dückert

www.symposion.de

symposion

Impressum

FAQ – Wissensmanagement

Von
THOMAS RÖLLECKE,
LOTHAR BECKER,
SIMON DÜCKERT

Projektentwicklung
MARKUS KLIETMANN,
Symposion Publishing

Redaktion
MARKUS KLIETMANN,
Symposion Publishing

Satz
MARTINA THORENZ
Symposion Publishing

Druck
CPI buch bücher.de
Frensdorf

Umschlaggestaltung
Symposion Publishing

Photo
© Andrey Kuzmin – Fotolia.com

ISBN 978-3-86329-685-8
2., erweiterte Auflage 2016
© Symposion Publishing GmbH,
Düsseldorf
Printed in Germany

Begleitdienst zu diesem Buch
www.symposion.de

Redaktionelle Post bitte an
Symposion Publishing GmbH
Erkrather Str. 234b
40233 Düsseldorf

Bibliografische Information der Deutschen Bibliothek:
Die Deutsche Bibliothek verzeichnet diese Publikation in der Deutschen Nationalbibliografie; detaillierte bibliografische Daten sind im Internet über http://www.ddb.de abrufbar.

Das Werk einschließlich seiner Teile ist urheberrechtlich geschützt. Jede Verwertung außerhalb der engen Grenzen des Urheberrechtsgesetzes ist ohne Zustimmung des Verlags unzulässig und strafbar. Das gilt insbesondere für Vervielfältigungen, Übersetzungen, Mikroverfilmungen und die Einspeicherung und Verarbeitung in elektronischen Systemen.

Alle in diesem Buch enthaltenen Angaben, Ergebnisse usw. wurden von den Autoren nach bestem Wissen erstellt. Sie erfolgen ohne jegliche Verpflichtung oder Garantie des Verlages. Er übernimmt deshalb keinerlei Verantwortung und Haftung für etwa vorhandene inhaltliche Unrichtigkeiten.

Die Wiedergabe von Gebrauchsnamen, Handelsnamen, Warenbezeichnungen usw. in diesem Werk berechtigt auch ohne besondere Kennzeichnung nicht zu der Annahme, dass solche Namen im Sinne der Warenzeichen- und Markenschutz-Gesetzgebung als frei zu betrachten wären und daher von jedermann benutzt werden dürften.

FAQ – Wissensmanagement
100 Fragen – 100 Antworten
www.symposion.de

Seit Menschengedenken gilt Wissen als besonders wertvolle Ressource. Während es jedoch früher einer kleinen Elite vorbehalten war, ist Wissen heute treibender Faktor der Wirtschaft und der Gesellschaft. Für viele Organisationen ist es ein so wesentlicher Wettbewerbsfaktor, dass sie Wissensmanagement betreiben und sich zu einer Lernenden Organisation entwickeln. Welche grundlegenden Konzepte und Begriffe dieser Disziplin zugrunde liegen, beschreibt das vorliegende Buch.

Der Band »Wissensmanagement« der FAQ-Reihe klärt wichtige Begriffe und dient Ihnen als Ratgeber. Er vermittelt Einsteigern und Fortgeschrittenen kurz und prägnant alles Wissenswerte zum Thema.

Und so funktioniert 100 Fragen – 100 Antworten: In zehn Kapiteln mit je zehn Fragen werden die wichtigsten Wissensmanagement-Begriffe erklärt, Methoden, Werkzeuge und Arbeitsweisen beschrieben und grundlegende Zusammenhänge vermittelt.

Das Repertoire reicht von
⇨ der Einführung und Verankerung des Wissensmanagements über
⇨ Handlungsfelder, Methoden und Wissensinfrastrukturen bis hin zu
⇨ Erfolgsfaktoren und Barrieren der Lernenden Organisation und dem
⇨ persönlichen Wissensmanagement.

FAQ Wissensmanagement eignet sich als Nachschlagewerk in der Ausbildung und als praxisnahes Begleitwerk bei der Einführung von Wissensmanagement im Unternehmen. Die übersichtliche Struktur macht es auch für Fortgeschrittene und für Lehrende zu einem wertvollen Begleiter im Arbeitsalltag.

Die erweiterte 2. Auflage erscheint jetzt mit einem umfassenden Infoteil »Wissensmanagement in der ISO 9001:2015«.

Über Symposion Publishing

Symposion ist ein Verlag für Management-Wissen und veröffentlicht Fachbücher und digitale Medien.

www.symposion.de

Inhaltsverzeichnis

Autorenverzeichnis 7

Vorwort 9

Lexikonbeitrag 11

Kapitel 1	**Fragen 1 bis 10** Megatrend Wissensgesellschaft 19	
Kapitel 2	**Fragen 11 bis 20** Wissen, Kultur und Führung 31	
Kapitel 3	**Fragen 21 bis 30** Einführung und Verankerung 43	
Kapitel 4	**Fragen 31 bis 40** Handlungsfelder und Methoden 55	
Kapitel 5	**Fragen 41 bis 50** Wissensinfrastrukturen 67	
Kapitel 6	**Fragen 51 bis 60** Wissensmanagement in Projekten 79	
Kapitel 7	**Fragen 61 bis 70** Aufwand- und Nutzenbetrachtung 91	
Kapitel 8	**Fragen 71 bis 80** Erfolgsfaktoren und Barrieren 103	
Kapitel 9	**Fragen 81 bis 90** Entwicklungen und Zukunftsaussichten 115	
Kapitel 10	**Fragen 91 bis 100** Persönliches Wissensmanagement 127	

Wissensmanagement in der ISO 9001:2015 139

Literaturverzeichnis 175

Autorenverzeichnis

THOMAS RÖLLECKE
ist seit 2014 als Berater und Coach für Wissensmanagement und Projektgeschäft selbstständig und beschäftigt sich mit innovativen Themen auf diesen Gebieten. Davor war er 37 Jahre bei Siemens in verschiedenen Funktionen im internationalen Projektgeschäft tätig, davon 14 Jahre im Ausland in Europa, Asien und Afrika. Im Project Management Office hat er von 2011 bis 2013 eine WEB 2.0-Kollaborations-Plattform mit eingeführt. Er ist bei der GPM und bei Siemens als Projektdirektor zertifiziert, Mitglied der GPM, GfWM und DGQ.

LOTHAR BECKER
ist selbstständiger Berater und Coach für Wissens- und Innovationsmanagement. In über 30 Jahren bei einem großen deutschen Industriekonzern war er als Führungskraft sowohl für operative als auch für strategische Geschäftseinheiten verantwortlich. In den letzten Jahren leitete er ein Projekt zur Konzeption, Umsetzung und den weltweiten Roll-Out einer globalen Wissensmanagement-Initiative. Heute sind die Beratung und Unterstützung von Unternehmen in ihrem Umgang mit Wissen und Innovationen Kernthemen seiner beruflichen Tätigkeit. Er ist Mitglied der GfWM und des BVCM.

SIMON DÜCKERT
ist Geschäftsführer der Cogneon GmbH in Nürnberg. Nach dem Studium der Elektrotechnik in Erlangen gründete er die Unternehmensberatung mit Schwerpunkten im Bereich Wissensmanagement und Lernende Organisationen. Daneben ist er Mitglied im New Club of Paris und Vorsitzender des Beirats der Gesellschaft für Wissensmanagement e.V.

Vorwort

Seit September 2015 gibt es eine neue Ausgabe der internationalen Qualitätsmanagementnorm ISO 9001. In dieser Ausgabe sind erstmalig auch Anforderungen zum Wissensmanagement enthalten. Für uns war dies Anlass, die zweite Auflage von »FAQ – Wissensmanagement – 100 Fragen, 100 Antworten« um einen Anhang zu ergänzen, der sich detailliert mit dieser Thematik beschäftigt.

Sie erfahren nicht nur, welche Anforderungen konkret enthalten sind, sondern wir geben Ihnen auch Hilfestellungen, wie Sie diese erfüllen können. Dabei geht es uns in erster Linie nicht um ein rein formales Erfüllen der Normanforderungen. Damit Sie dies möglichst nutzbringend gestalten können, finden Sie viele Tipps zu kurz-, mittel- und langfristigen Maßnahmen, die Sie ganz spezifisch entsprechend der Situation Ihrer Organisation umsetzen können.

Darüber hinaus enthält das ergänzende Kapitel im Anhang als praktische Orientierung eine Zusammenstellung von relevanten Instrumenten aus dem Wissensmanagement. Sie hilft Ihnen dabei, die auf die Anforderungen der Norm passenden Instrumente für die Umsetzung auszuwählen. Wir sind der Überzeugung, dass die zweite Auflage durch diese Ergänzungen den Praxisnutzen von »FAQ Wissensmanagement« nochmals deutlich erhöht.

Viel Erfolg wünschen,
Thomas Röllecke, Lothar Becker

Lexikonbeitrag

»Alle strategischen bzw. operativen Tätigkeiten und Managementaufgaben, die auf den bestmöglichen Umgang mit Wissen abzielen«, so definiert ein Eintrag bei Wikipedia den Umfang des Wissensmanagements. Bei der Definition von Wissen unterscheidet man häufig Daten, Information und Wissen. Daten sind ein Grundstoff, aber für sich alleine noch nicht von großer Aussagekraft. Verdichtet und interpretiert man Daten, so ergeben sich Informationen. Diese können von Menschen aufgenommen werden und durch die Aufnahme dieser Informationen und die Fähigkeit des Menschen, diese zu kombinieren und Schlüsse daraus zu ziehen, entsteht Wissen. Jedoch entsteht im Menschen auch Wissen, ohne dass er auf Daten und Informationen im engeren Sinne zurückgreifen muss, nämlich Erfahrungswissen durch »trial and error«, wie man das insbesondere bei Kindern, aber auch bei Erwachsenen beobachten kann.

Teilweise wird Wissen als etwas betrachtet, das nur im Menschen selbst entstehen und vorhanden sein kann (implizites Wissen), andere fassen den Begriff etwas weiter und verstehen unter Wissen auch etwas, das explizit zugänglich gemacht werden kann. Beides ist sicherlich richtig. Es wird immer eine Art von Wissen geben, welches nur im Menschen selbst existiert und nicht gänzlich explizit gemacht werden kann. Die unterschiedlichen Erfahrungen der Menschen spielen hierbei eine große Rolle.

Zu der Frage des impliziten und expliziten Wissens kommt noch eine weitere hinzu: Inwieweit kann Wissen »gemanagt« werden? Wissensmanagement bedeutet in erster Linie die Gestaltung von Rahmenbedingungen in einem Umfeld, das der Wissensentstehung und dem Wissensfluss zuträglich ist. Ein wesentliches und leicht verständliches Prinzip für das Wissensmanagement beschreibt der Wissenskreislauf.

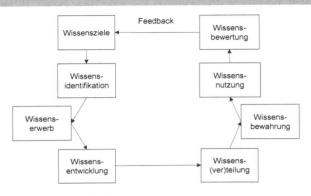

Abb. 1: Wissenskreislauf

Dieser Kreislauf ist sehr anschaulich, und dennoch fehlt in vielen Unternehmen immer noch ein ausreichendes Bewusstsein dafür, dass Wissen neben den klassischen volkswirtschaftlichen Faktoren Arbeit, Boden und Kapital ein wesentlicher Produktionsfaktor ist und dass es deshalb gilt, Wissen zu schaffen, zu erhalten und zu fördern. Dazu gibt es eine Reihe von Methoden. So gehören z.B. »Lessons Learned« (gewonnene Erkenntnisse) zu den etabliertesten Methoden des Wissensmanagements. Die Erarbeitung von Lessons Learned dient dazu, gemachte positive und negative Erfahrungen zu reflektieren, zu beschreiben und für andere nutzbar zu machen. Dadurch soll verhindert werden, dass sich dieselben Fehler wiederholen. Das Unternehmen soll somit zu einer »Lernenden Organisation« werden.

Obwohl Lessons Learned fast überall bekannt sind, wird faktisch immer noch nicht in notwendigem Maße davon Gebrauch gemacht. Bei lang laufenden Projekten ist es besonders wichtig, auch während des Projektes Lessons Learned zu erfassen und weiterzugeben, da sie ansonsten verblassen und Ansprechpartner oft nicht mehr vorhanden sind. Ebenso gehört Offenheit und Mut dazu, speziell schlechte Erfahrungen zu analysieren und notwendige Schlüsse daraus zu ziehen.

Ein Problembereich in vielen Unternehmen ist auch das Ausscheiden von Mitarbeitern, sei dies durch Fluktuation oder durch das Erreichen der Altersgrenze. Die Konservierung und Weitergabe von Wissen, welches sich bei einzelnen Mitarbeitern teilweise jahrzehntelang entwickelt hat, ist ein entscheidender Erfolgsfaktor für Unternehmen. Es gibt verschiedene Methoden, diese Wissensweitergabe zu organisieren, beispielsweise durch ein Debriefing. Wichtig ist, dass man sich dessen bewusst ist und es rechtzeitig vorbereitet und einleitet. Unternehmen, die dies tun, erhalten sich ihre Wissensbasis und können bei intensiver Pflege einen spürbaren Wettbewerbsvorteil erreichen.

Wissensmanagement in Projekten kommt ebenfalls eine besondere Bedeutung zu. Insbesondere in großen oder lang laufenden Projekten gilt es, bei allen Beteiligten rechtzeitig ein gemeinsames Verständnis der verwendeten Begriffe, Methoden, Prozesse, Normen, Tools und sonstiger Vorgehensweisen herzustellen. Dies dauert erfahrungsgemäß deutlich länger als zunächst angenommen. Deshalb müssen frühzeitig gemeinsam abgestimmte Methoden eingeführt werden, um den Umgang mit Wissen in einem Projekt zu managen. Dies gilt für Projekte in Unternehmen ebenso wie für Projekte der öffentlichen Hand.

Für die erfolgreiche Einführung eines systematischen Wissensmanagements werden eine solide Planung, ein ausreichender Zeitrahmen und das entsprechende Budget benötigt. Es ist wichtig, das Vorhaben unternehmens- oder projektspezifisch anzugehen und in sinnvollen, kleinen Schritten durchzuführen. Hierbei sind die »Quick Wins« von Bedeutung, also die Elemente, die den Beteiligten schnell einen deutlich ersichtlichen Nutzen bringen. Nur dann wird die Akzeptanz bei den Involvierten ausreichend hoch sein, um die schwierige Startphase zu überwinden.

Als sinnvolle Maßnahme für die Einführung kann sich die Etablierung eines Wissensmanagers (oder Wissensmanagement-Verantwortlichen) erweisen. Wissen muss identifiziert, erfasst, in einer sinnvollen Form gespeichert und schließlich wieder den Wissenssuchenden zugänglich gemacht werden. Weiterhin ist auch die Pflege des Wissens eine verantwortungsvolle Aufgabe. Für all diese Aufgaben wird ein Verantwortlicher mit besonderen Fähigkeiten benötigt, um letztendlich die gewünschten Ziele zu erreichen.

Explizites Wissen zu erfassen und anderen zugänglich zu machen, ist eine Aufgabe, die sich relativ leicht bewältigen lässt. Schwieriger ist es, implizites Wissen ans Tageslicht zu bringen und den Wissenssuchenden zur Verfügung zu stellen. Die Aufgabe des Wissensmanagers ist es, diesen Prozess in Gang zu bringen und am Laufen zu halten, sowie immer wieder Anstöße zu geben, wenn der anfängliche Schwung zu versiegen droht. Hierzu ist eine herausragende Kommunikationsfähigkeit unerlässlich.

Der Wissensmanager muss den Zugang zu den Wissensträgern erlangen und sie animieren, ihr Wissen preiszugeben und es mit anderen zu teilen. Ebenso muss er die Wissenssuchenden dazu anregen, auf die Wissensträger zuzugehen und sich das benötigte Wissen abzuholen. Es ist seine Aufgabe, dafür zu sorgen, dass Nachfrage und Angebot zusammenfinden.

Überzeugungskraft ist eine weitere Fähigkeit, die den Erfolg des Wissensmanagers entscheidend mitbestimmt. Er muss nicht nur Wissensträger und Wissenssuchende überzeugen aufeinander zuzugehen, sondern in ganz besonderem Maße muss er auch in der Lage sein, so auf die Führungskräfte einzuwirken, dass diese die Kultur des Wissensaustauschs im Unternehmen fördern und sich möglichst selbst aktiv beteiligen.

Die Position eines Wissensmanagers kann ein wichtiger Karriereschritt für diesen sein. Kaum jemand lernt durch seine Aufgabe ein Unternehmen, seine Mitarbeiter und seine Funktionsweisen so gut kennen wie der Wissensmanager. Dies prädestiniert ihn für zukünftige Aufgaben. Wissensmanager ist also keine Aufgabe für jemanden, den man zur Seite schieben will, sondern für solche Personen, denen man im Unternehmen noch einiges zutraut.

Eine weitere Möglichkeit, die Einführung von Wissensmanagement anzugehen, ist die Erstellung einer Wissensbilanz. Wird eine solche Wissensbilanz erstellt, erhält man schnell Klarheit darüber, welches Wissen benötigt wird, um die strategischen Ziele umzusetzen. Zudem wird deutlich, welches Wissen dafür schon vorhanden ist und welches noch geschaffen werden muss. Ebenso ist es im Wissensmanagement wichtig, die Aktualität des Wissens sicherzustellen. Eine regelmäßige Prüfung durch Verantwortliche für Teilbereiche ermöglicht es, falsche oder veraltete Informationen zu kennzeichnen oder zu löschen.

Leider gibt es immer noch sehr viele Hindernisse, die einem effizienten Wissensmanagement im Wege stehen. Diese sind üblicherweise nicht so sehr technischer Natur, sondern haben einen menschlichen Ursprung. Es kann ein kultureller Hintergrund sein, der die Offenlegung von Fehlern, aus denen man lernen könnte, schwierig macht. Häufig anzutreffen ist auch die mangelnde Identifikation des (oft mittleren) Managements mit dem Thema. Es gibt zwar Lippenbekenntnisse, aber die eigene, aktive Beteiligung und Förderung des Prozesses lässt zu wünschen übrig. Dies wird dann häufig von allen anderen als Entschuldigung genutzt, dem Thema nicht das notwendige Gewicht zu geben.

In der neuen Ausgabe der DIN ISO 9001:2015, nach der viele Firmen die Einhaltung ihrer Qualitätsanforderungen zertifizieren lassen, wird dem Thema »Wissensmanagement« eine deutlich höhere Bedeutung beigemessen als bisher. Es wird dort Wert darauf gelegt, dass in den Unternehmen Wissensmanagement etabliert und systematisch betrieben wird.

Viele Geschäftsmodelle unterliegen einem schnellen Wandel. Vielen, auch sehr großen Unternehmen, die sich nicht auf diesen Wandel einstellen, kann in Zukunft ein schnelles Ende drohen. Wissensgenerierung und das Management dieses Wissens sind neben einer permanenten Ideenfindung Treiber für den Unternehmenserfolg. Doch ebenso wie die schnelle Entwicklung von Wissen und neuer Möglichkeiten ganze Industriezweige verändern kann, wird sie sich auch auf die einzelnen Berufe auswirken. Einige Berufe werden verschwinden, neue werden entstehen. Ein kleiner Ausschnitt von besonders betroffenen Berufsgruppen verdeutlicht dies:

Beruf (Beispiele)	Wahrscheinlichkeit des Ersatzes durch Computer
Marketing am Telefon	99%
Datenerfasser	99%
Frachtagenten	99%
Fahrer	98%
Buchhaltungsgehilfen	98%
Makler	97%
Computer-Programmierer	48%
Medizinische Berufe	ca. 1% - 5%
Ingenieure	ca. 1% - 15%
Manager	ca. 1% - 25%
Lehrer	ca. 1% - 25%
Datenbankadministratoren	3%

Abb. 2: Übersicht zu den Zukunftsaussichten verschiedener Berufe [1]

Dies bedeutet auch für den Einzelnen, dass er sich fortlaufend weiterbilden und neue Fähigkeiten erwerben muss, wenn er mittelfristig nicht arbeitslos werden will. Damit ist das persönliche Wissensmanagement eine wichtige Aufgabe für jeden Menschen.

Im täglichen Leben haben wir es heutzutage mit zwei Problemfällen zu tun:
⇨ zum einen ist das Auffinden von relevanten Informationen aufgrund der Fülle von Informationsquellen mitunter sehr zeitaufwendig,
⇨ zum anderen werden wir häufig von so umfangreichen Informationen und (vermeintlichem) Wissen überrollt, dass es schwer fällt, die wirklich relevanten Aspekte zu erkennen und nutzbringend auf die zu lösende Fragestellung anzuwenden.

Informationen und Wissen vermehren sich mit einer Geschwindigkeit, die früher unmöglich erschien. Entwicklungen, deren Realisierung von der Idee bis zur praktischen Umsetzung früher Jahre oder Jahrzehnte gedauert hat, können heute in Wochen oder Monaten durchgeführt werden.

Wissen oder der Zugang zu Wissen ist heutzutage Milliarden von Dollar oder Euro wert. Unternehmen mit wenigen Mitarbeitern, aber einem Geschäftsmodell, welches Investoren attraktiv erscheint, werden mit Beträgen bewertet, die unvorstellbar hoch sind. Dies gilt insbesondere für Unternehmen, die Zugang zu Milliarden von Einzeldaten haben oder verschaffen können. Computerprogramme und ausgeklügelte Algorithmen machen es möglich, aus diesen sehr großen Datenbeständen Informationen und letztendlich eine Art von Wissen zu generieren, welches ziemlich treffsichere Aussagen bezüglich ergebnisträchtiger Geschäfte ermöglicht. Nicht von ungefähr ist heutzutage der Begriff »Big Data« in aller Munde.

Wenn wir heutige Entwicklungen in die Zukunft extrapolieren, ist vieles vorstellbar, aber wenig sicher. Wird die Welt der Science Fiction-Romane vielleicht einmal Wirklichkeit? Sicherlich wird die Digitalisierung Gegenstände immer intelligenter machen (»Internet der Dinge«) und die Aufgaben des Menschen werden sich auf vielen Gebieten wohl grundlegend ändern. Eines ist gewiss: Das Wissen, über welches wir heute verfügen, wird, verglichen mit dem Wissen, welches uns in 100 Jahren zur Verfügung steht, nur ein winziger Bruchteil sein.

Wir wünschen dem Leser dieses kleinen Buches viel Freude beim Lesen und hoffen, dass die Antworten auf die 100 Fragen interessante Einblicke in das Thema Wissensmanagement geben. Zur weiteren Vertiefung finden sich im Anhang zudem Verweise auf umfangreiche Literatur in allgemeiner bis sehr wissenschaftlicher Form zu verschiedenen Themenbereichen.

Megatrend Wissensgesellschaft

1. Kapitel

1 Was ist Wissen?
2 Warum gewinnen Wissen und Lernen immer mehr an Bedeutung?
3 Was ist eine Lernende Organisation?
4 Wie hängen Daten, Informationen und Wissen zusammen?
5 Welche Arten von Wissen gibt es?
6 Was ist der Unterschied zwischen implizitem und explizitem Wissen?
7 Kann man Wissen managen?
8 Was ist Wissensmanagement?
9 Was ist ein Wissensarbeiter?
10 Was bedeutet Wissensgesellschaft?

1 Was ist Wissen?

Platon definiert Wissen als gerechtfertigte, wahre Meinung. Es stellt für den Menschen die Basis effektiven Handelns dar. Für den Begriff Wissen gibt es eine Vielzahl von Definitionen, je nach Disziplin, in der danach gefragt wird (z.b. Philosophie, Soziologie, Pädagogik, Betriebswirtschaft, Informatik). Es ist sinnvoll, davon auszugehen, dass Wissen immer an Menschen gebunden ist. Geist und Körper sind die Orte, an denen ein Mensch Wissen »speichern« bzw. »verkörpern« kann. Wissen wird durch den Prozess des Lernens erworben. Mit Lernen ist hierbei nicht nur das schulische und formale Lernen, sondern auch das Lernen durch Handlungen im Alltag (learning by doing) gemeint. Das Wissen einer Person hat Einfluss darauf, wie sie lernt bzw. wie und welches neue Wissen sie aufnimmt. An dieser Stelle spielen das Vorwissen, Vorurteile und die gesamte Sozialisierung einer Person eine große Rolle, da sie als Filter bei der Aufnahme neuer Informationen wirken. Den Zusammenhang zwischen Umwelt, Wahrnehmung, Informationsaufnahme, Wissen und Handlungen stellt das Modell von Max Boisot sehr plausibel dar.

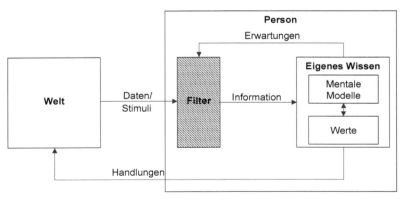

Abb. 1.1: Agent in the World Model nach Max Boisot (vereinfacht, eigene Darstellung) [2]

2 Warum gewinnen Wissen und Lernen immer mehr an Bedeutung?

In einer Umwelt, in der sich Fakten und Rahmenbedingungen in hoher Geschwindigkeit ändern, sinkt die »Halbwertszeit« von Wissen dramatisch. Kontinuierliches Lernen ist der einzige Weg, dem zu begegnen.

Seit Beginn der Menschheit haben wir gelernt und Wissen angehäuft. Entscheidende Erfindungen haben dazu beigetragen, Wissensprozesse zu ermöglichen und zu vereinfachen. Zu den historischen Erfindungen gehören z.b. Sprache, Schrift, Buchdruck, Morsen, Telefon und der Computer. Eine wichtige Voraussetzung für das Entstehen neuen Wissens und die Verbreitung bestehenden Wissens ist, dass Menschen miteinander vernetzt sind. Denn nur durch die Vernetzung, das dadurch entstehende Vertrauen und die Interaktionsmöglichkeiten kann Wissen übertragen werden und neue Ideen können entstehen. Hier haben die Globalisierung sowie die Erfindung und Verbreitung des Internet zu einer sehr großen Steigerung der globalen Vernetzungsdichte geführt. Das schließt sowohl die Vernetzung von Menschen (z.B. soziale Netzwerke) als auch die Vernetzung technischer Systeme mit ein (z.B. Industrie 4.0). Durch diese Steigerung der Vernetzungsdichte steigt auch die Geschwindigkeit der Wissensentwicklung. Die Folgen sind höhere Innovationsraten und, damit einhergehend, die Notwendigkeit für Individuen und Organisationen, schneller und mehr zu lernen und sich durch spezielles Wissen vom Wettbewerb zu unterscheiden.

Kapitel 1

3 Was ist eine Lernende Organisation?

Eine Lernende Organisation ist eine Organisation mit der Fähigkeit, Wissen zu entwickeln, zu erwerben und zu (ver-)teilen sowie ihr Verhalten auf Basis neuen Wissens und neuer Einsichten zu verändern.

Lernen, verstanden als Veränderung oder Stabilisierung sozialen Verhaltens, können im engeren Sinne nur biologische Organismen. Kollektive wie Gesellschaften, Organisationen oder Unternehmen wären demnach nicht lernfähig. Überträgt man jedoch Eigenschaften von Individuen auf Kollektive (organisationales Verhalten, organisationales Gedächtnis), so könnte man hier auch vom Lernen einer Organisation sprechen, das allerdings auf das Lernen von Einzelpersonen zurückzuführen ist. Die Erfahrung eines Vertriebsmitarbeiters mit einem Kunden, die dieser mit anderen Kollegen teilt, wäre ein Beispiel für einen solchen organisationalen Lernprozess. Peter Senge, ein wichtiger Protagonist des Konzepts der Lernenden Organisation, hob insbesondere fünf Disziplinen hervor, die eine Organisation meistern muss, um lernfähig zu sein:

⇨ Personal Mastery – die Fähigkeit, kontinuierlich die eigene Vision zu hinterfragen
⇨ Mental Models – die inneren Bilder, die die Mitglieder einer Organisation teilen
⇨ Shared Vision – ein gemeines Zukunftsbild der Organisation
⇨ Team Learning – die Fähigkeit, gemeinsam zu Lernen
⇨ Systems Thinking – das Denken in Systemen statt in Einzelkomponenten

4 Wie hängen Daten, Informationen und Wissen zusammen?

Wissen kann durch Aufnahme von Daten und Konsum von Informationen entstehen. Wissen kann aber auch durch kreative Akte, völlig unabhängig von Daten bzw. Informationen geschaffen werden (Geistesblitz).

Sowohl im englischen als auch im deutschen Sprachraum sind Modelle wie die DIKW-Pyramide (data, information, knowledge, wisdom) oder die Wissenstreppe (Zeichen, Daten, Informationen, Wissen, Können, Handeln, Kompetenz, Wettbewerbsfähigkeit) bekannt und verbreitet. Diese Modelle gehen davon aus, dass Wissen seinen Ursprung immer in Datenbeständen hat – eine Sicht, die durch Trends wie beispielsweise Big Data und den Fokus auf Algorithmen gefördert wird. Es handelt sich dabei allerdings um eine stark verkürzte Sicht, die allenfalls für den Einstieg ins Thema Wissensmanagement geeignet ist. Denn, wie auch der Wissensmanagement-Protagonist Prof. Nonaka in seinem Interview-Artikel »Knowledge has to do with Truth, Goodness, and Beauty« [3] hervorhebt, geht es nicht nur um »information processing«, sondern im Kontext von Innovation verstärkt auch um »knowledge creation«. In diesem Prozess der Wissensschaffung spielen Emotionen und ganzheitliche Sichtweisen auf Situationen eine Rolle. Hier sind menschliche Fähigkeiten gefragt, die weit über das Speichern, Abrufen und Interpretieren von Daten und Informationen hinausgehen.

Fragestellung zu Abb. 1.2: Welche Informationen benötige ich oder was muss ich wissen, um im Rahmen meiner Aufgabe erfolgreich zu sein? Meist benötigt man hierzu Informationen von innen und von außen.

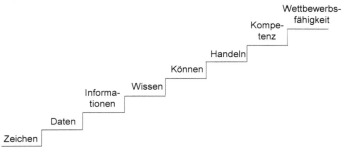

Abb. 1.2: Wissenstreppe [4]

5 Welche Arten von Wissen gibt es?

Anders als bei Klassifikationen von Tieren und Pflanzen gibt es beim Wissen verschiedene Möglichkeiten, Arten zu differenzieren. Die Unterscheidung nach Inhalt (Sacherschließung), Zugriffsmöglichkeit (implizites und explizites Wissen) sowie nach Speicherort im Gedächtnis (deklaratives, prozedurales, Erfahrungswissen) sind in der Praxis gängig.

In der Vergangenheit wurden bereits viele Versuche unternommen, Wissen in eindeutigen Hierarchien zu ordnen und damit effizient verfügbar zu machen. Prominente Vertreter sind die zehn Kategorien von Aristoteles (Substanz, Quantität, Qualität, Relation, Wo, Wann, Lage, Haben, Tun, Leiden) oder die Dezimalklassifikation von Dewey. Diese versucht, Wissen auf drei Ebenen mit jeweils zehn Unterkategorien einzuordnen und spannt somit eine »Wissenslandkarte« von 1000 Einträgen auf. Die Dewey-Dezimalklassifikation ist heute die am weitesten verbreitete Klassifikation in Bibliotheken.

Für die Praxis sind auch die Wissensarten deklaratives Wissen (Zahlen, Daten, Fakten), prozedurales Wissen (Wissen über Abläufe und Prozesse) und Erfahrungswissen relevant, da diese dem Prozess der Wissensdokumentation unterschiedlich gut zugänglich sind. Deklaratives Wissen eignet sich am besten zur Dokumentation, Lexika wie die Wikipedia sind gute Beispiele dafür. Bei prozeduralem Wissen wird es schon schwieriger, da dieses Wissen oft durch Abschauen und Ausprobieren übertragen werden muss (das Buch zum Erlernen des Fahrradfahrens gibt es nicht). Erfahrungswissen ist noch stärker an die Person gebunden, die die Erfahrung gemacht hat (z.B. die berühmte Hand auf der Herdplatte). Hier kann nur versucht werden, Erfahrungen durch Erfahrungsgeschichten, durch sog. Sekundärerfahrung zu übertragen. Auch gängig ist die Unterscheidung in implizites und explizites Wissen, die im folgenden Abschnitt im Detail behandelt werden soll.

Wissen in zehn Klassen

1. General Works
2. Philosophy and Psychology
3. Religions
4. Social Sciences
5. Language
6. Pure Science
7. Technology
8. Arts and Recreation
9. Literature
10. Literature and Geography

Abb. 1.3: Dewey-Dezimal-System

6 Was ist der Unterschied zwischen implizitem und explizitem Wissen?

Implizites Wissen ist dem Wissensträger unbewusst, er kann es nicht in Worte fassen oder gar aufschreiben. Explizites Wissen hingegen ist der Verbalisierung und Dokumentation zugänglich.

Der Begriff des impliziten Wissens (engl. tacit knowledge) geht auf den Biologen Michael Polanyi zurück. Damit ist Wissen gemeint, das dem Wissenden nicht bewusst ist. Er kann es nicht oder nur schwer in Sprache oder Dokumentation fassen. In der Praxis spricht man bei Experten dann oft vom »Bauchgefühl«, auf Basis dessen Entscheidungen getroffen oder Handlungsweisen ausgeführt werden. Im Gegensatz dazu ist explizites Wissen kodifizierbar. Übliche Formen der Kodifizierung sind Texte, Zahlen, Grafiken, Skizzen, Beschreibungen, Handbücher und Spezifikationen. In der Praxis werden häufig explizites und dokumentiertes Wissen verwechselt. Explizit bedeutet zunächst nur, dass es dem Wissenden bewusst ist und dass er es kodifizieren kann. Ein Mensch besitzt sehr viel mehr explizites Wissen, als er jemals dokumentieren kann. Mit dem Zitat von Dave Snowden »Wir wissen mehr, als wir sagen können und wir sagen mehr, als wir aufschreiben können« wird der Zusammenhang zwischen implizitem, explizitem und dokumentiertem Wissen verdeutlicht. Häufig wird das Eisberg-Modell zur Darstellung der Verhältnisse verwendet (viel mehr implizites als explizites Wissen).

Kapitel 1

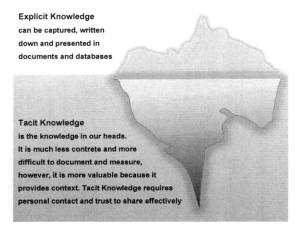

Abb. 1.4: Das Eisberg-Modell

7 Kann man Wissen managen?

Wissen ist immer an Menschen gebunden und kann somit nicht direkt gemanagt werden. Es können allerdings Rahmenbedingungen und Umfelder gestaltet werden, die der Wissensentstehung und dem Wissensfluss zuträglich sind.

In der noch jungen Historie des Wissensmanagements wurde vielfach der Fehler gemacht, Wissen als direkt »managebar« anzusehen. Das führte in der Praxis dazu, dass hauptsächlich Daten und Informationen, die sich leicht managen lassen, in den Fokus rückten. Da zum Managen im klassischen Begriffsverständnis die Planung, Durchführung, Prüfung und Kontrolle gehört, fanden sich bei den Kennzahlen der Erfolgsmessung oft Größen wie die Anzahl von Dokumenten und die Anzahl von Downloads wieder. Diese Herangehensweise blendet jedoch die eigentlichen Protagonisten des Wissens aus. Dazu gehören z.b. Fachleute, Experten, Wissensarbeiter, Trainer, Forscher, Entwickler und Führungskräfte. Das Wissen in deren Köpfen kann man natürlich nicht direkt managen, man kann aber Rahmenbedingungen und Infrastrukturen gestalten, die die gewünschte Wissensgenerierung und den gewünschten Wissensaustausch wahrscheinlicher machen. Dazu gehören z.B. die Gestaltung von Zielsystemen, Arbeitsumfeldern und die Entwicklung einer wissensfreundlichen Unternehmenskultur.

8 Was ist Wissensmanagement?

Der Begriff Wissensmanagement bezeichnet die Führung und Gestaltung Lernender Organisationen. Eigentlich ist dieser Begriff ein Oxymoron. Da man das Wissen in den Köpfen der Mitarbeiter nicht direkt managen kann, kann es ein Wissensmanagement im engeren Sinne eigentlich nicht geben. Erst über die Brücke der Gestaltung von Rahmenbedingungen, die zu einem besseren Umgang mit Wissen in der Organisation führen, wird der Begriff Wissensmanagement sinnvoll. Damit es zu einer entsprechenden Gestaltung der Rahmenbedingungen kommt, ist insbesondere Führung gefragt. Es gilt, die Wichtigkeit von Wissen und Lernen immer wieder zu benennen und zu betonen und von allen Mitarbeitern mit Gestaltungsaufgaben entsprechende Maßnahmen einzufordern. Dazu gehört nicht nur das Top Management, sondern dazu gehören, unabhängig von Hierarchie und Funktion, auch Rollen wie Projektmanagement, Qualitäts-/Prozessmanagement, Personalmanagement, Controlling, IT, Schulung/Weiterbildung, Personal- und Führungskräfteentwicklung und die strategische Planung. Neben diesen Gestaltungsbereichen des organisationalen Wissensmanagements muss auch der Umgang mit Wissen auf individueller Ebene gefördert werden (persönliches/individuelles Wissensmanagement).

9 Was ist ein Wissensarbeiter?

Wissensarbeiter sind (formal) gut ausgebildete Fachleute, die im Zuge ihrer professionellen Tätigkeit im Wertschöpfungsprozess hauptsächlich Wissen entwickeln, anwenden und teilen.
Der Soziologe Helmut Willke schreibt der Wissensarbeit insbesondere vier Eigenschaften zu [5]: Das relevante Wissen wird

⇨ kontinuierlich revidiert,
⇨ permanent als verbesserungsfähig angesehen,
⇨ prinzipiell nicht als Wahrheit, sondern als Ressource betrachtet und
⇨ ist untrennbar mit Nichtwissen gekoppelt, sodass spezifische Risiken mit der Wissensarbeit verbunden sind.

Für den jeweiligen Wissensarbeiter bedeutet das, dass er in einem Umfeld mit viel Veränderung und vielen Freiheitsgraden agiert, in dem er auf Basis seines Wissens Entscheidungen treffen muss. Nach Definition des Wissensmanagement Forum Graz [6] sieht er sich häufig mit kaum oder unklar definierten Aufgabenstellungen, fehlenden Strukturen im Arbeitsprozess und einem nicht klar absehbaren Ergebnis konfrontiert. In einer Analyse des Bundesinstituts für Berufsbildung [7] wurden Wissensarbeiter in »Innovateure« und »Aufgabenflexible« eingeteilt. Wissensarbeiter zeichnen sich dort durch Tätigkeiten wie das Forschen, Entwickeln, Recherchieren, Dokumentieren, Ausbilden, Unterrichten und das Organisieren fremder Arbeitsabläufe aus. Zu den identifizierten wissensintensiven Berufen gehören z.B. Ingenieure, IT-Kernberufe, publizistische Berufe, Techniker, Wissenschaftler und Führungskräfte.

10 Was bedeutet Wissensgesellschaft?

Die Wissensgesellschaft zeichnet sich nach Heidenreich dadurch aus, dass bestehende Regeln und Normen durch Lernprozesse kontinuierlich infrage gestellt werden. Der Begriff der Wissensgesellschaft ist ein recht junger Begriff, bei dem man sich noch nicht auf eine allgemeingültige Definition geeinigt hat. Die meisten Definitionen stimmen darin überein, dass es sich bei der Wissensgesellschaft um eine Gesellschaftsform handelt, in der das Wissen von Einzelpersonen und Kollektiven und deren Organisationen zunehmend zur Grundlage des sozialen und ökonomischen Zusammenlebens werden. Häufig grenzt man diese Gesellschaftsform gegenüber Agrar- und Industriegesellschaften ab. In der Agrargesellschaft verwenden die Menschen ihre Ressourcen, um die Notwendigkeiten des täglichen Lebens für sich selbst herzustellen. Im Gegensatz dazu werden in einer Industriegesellschaft Mehrwerte durch Rationalisierung erzeugt, sodass sich unterschiedliche Gesellschaftssysteme herausdifferenzieren können. So können Menschen z.B. in der Wissenschaft oder der Automobilproduktion arbeiten und erhalten dafür einen Lohn, mit dem sie die Gegenstände des täglichen Bedarfs kaufen können. Der Übergang von der Agrar- zur Industriegesellschaft ist offensichtlich, da sich mit ihm der Arbeitsort ändert (vom heimischen Hof zur Fabrik). Der Übergang von der Industrie- zur Wissensgesellschaft ist schleichender, da sich z.B. rund um industrielle Produkte wissensintensive Dienstleistungen herausbilden (z.B. Beratung, Anpassungsentwicklung), der Arbeitsort im Wesentlichen aber gleich bleibt. In der Praxis wird oft die Fragestellung nach dem Schutz von Wissen in den Vordergrund gestellt (z.B. Patente, Verwertungsansprüche, Lizenzen). Hierzu hat der Informationswissenschaftler Rainer Kuhlen eine wichtige These aufgestellt: »Gesellschaften, die mehr Energie darauf verwenden, sich um die Sicherung der Eigentumsverhältnisse von bestehendem Wissen und Information zu kümmern bzw. um die Sicherung von Verwertungsansprüchen als auf die Rahmenbedingungen, die die Produktion von neuem Wissen begünstigen, sind in einer ökonomischen, wissenschaftlichen, politischen, kulturellen und gesellschaftlichen Abwärtsentwicklung.« [8]

Wissen, Kultur und Führung

2. Kapitel

11 Wie passen Wissen und Hierarchie zusammen?
12 Was ist wissensorientierte Führung?
13 Was bedeutet die Führung und Gestaltung Lernender Organisationen in der Praxis?
14 Was versteht man unter Unternehmenskultur?
15 Was ist eine gute Wissenskultur?
16 Was ist eine gute Fehlerkultur?
17 Was ist eine gute Lernkultur?
18 Was ist eine gute Innovationskultur?
19 Wer hat in Organisationen Einfluss auf die Kultur?
20 Wie kann man eine gute Wissenskultur entwickeln?

11 Wie passen Wissen und Hierarchie zusammen?

Die im Organigramm abgebildete Hierarchie teilt die Organisation in Hierarchiestufen und in funktionale Bereiche. Die dadurch entstehenden »Silos« und Wissensinseln müssen durch explizite Wissensmanagement-Maßnahmen miteinander vernetzt werden.

Seit Ende des 19. Jahrhunderts werden in Unternehmen und Organisationen Organigramme eingesetzt, um Hierarchien nach dem Vorbild des Militärs zu visualisieren. Diese Hierarchien sind notwendig, um in der Organisation klare Verantwortlichkeiten festzulegen sowie Effektivität und Effizienz in der Zielerreichung sicherzustellen. Die sog. Führungs- oder Leitungsspanne besagt, wie viele Mitarbeiter einer Führungskraft zugeordnet sind. Ein Unternehmen mit Führungsspanne 10 und ca. 100 Mitarbeitern hat dann beispielsweise drei Hierarchieebenen (z.B. eine Geschäftsleitung und zehn Abteilungsleiter mit je zehn Mitarbeitern). Durch Organisationsformen wie die Stablinien- (mit Stabsstellen wie Personal, IT oder Finanz) oder die Matrix-Organisation werden hierarchische Organisationen entsprechend komplexer. Unabhängig von der hierarchischen Form führt die Etablierung von Abteilungen zur Separierung von Wissensträgern, die sich eigentlich mit den gleichen Wissensthemen beschäftigen. Ein Beispiel wäre ein Automobilhersteller mit Abteilungen für die Achsenentwicklung unterschiedlicher Modelle, deren Entwickler sich im Tagesgeschäft nicht begegnen. Diese Schwächen der Hierarchie müssen durch explizite Maßnahmen wie beispielsweise Wissensgemeinschaften, übergreifende Weblogs oder soziale Netzwerke behoben werden. Größtes Problem hierbei ist in der Praxis, den Mitarbeitern entsprechend Zeit für die Vernetzung einzuräumen.

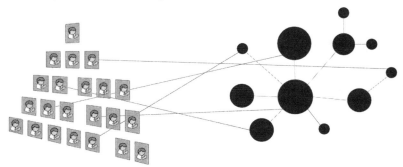

Abb. 2.1: Dual Operating System

12 Was ist wissensorientierte Führung?

Wissensorientierte Führung bezeichnet einen Führungsstil, der den Wert von Wissen und Lernen berücksichtigt und dessen übergeordnetes Ziel die Entwicklung einer Lernenden Organisation ist.

In der Geschichte der Forschung und Praxis wurden verschiedene Führungsstile mit den jeweiligen Vor- und Nachteilen benannt. Der Soziologe Max Weber unterschied beispielsweise autokratischen, patriarchalischen, charismatischen und bürokratischen Führungsstil. Der Psychologe Kurt Lewin benannte drei Führungsstile: autoritär, kooperativ bzw. demokratisch sowie laissez faire. Neuere Bewegungen – wie beispielsweise die Open-Source-Bewegung und die agile Produktentwicklung – tragen der Tatsache Rechnung, dass heutzutage oftmals die Führungskräfte nicht unbedingt in jeder Situation eine bessere Lösung kennen als ihre Mitarbeiter und sich daher auf das Beseitigen von Barrieren fokussieren sollten. Robert Greenleaf hat beispielsweise die Rolle des »Servant Leaders« (dienende Führungskraft) benannt, der seine Aktivitäten konsequent an den Bedürfnissen und Problemen der Geführten ausrichtet. Partizipativer Führungsstil und Servant Leadership sind gute Ausgangspunkte für einen »wissensorientierten Führungsstil«. Zusätzlich muss ein solcher aber Zeit und Raum für Lernen und Wissen einräumen sowie die Kernprozesse des Wissensmanagements in Form von Wissensidentifikation, Wissenserwerb, Wissensentwicklung, Wissens(ver-)teilung, Wissensbewahrung und Wissensnutzung gestalten und optimieren.

Kapitel 2

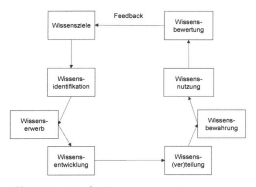

Abb. 2.2 Bausteine des Wissensmanagements

13 Was bedeutet die Führung und Gestaltung Lernender Organisationen in der Praxis?

Die Führung und Gestaltung Lernender Organisationen ist die zentrale Aufgabe des Wissensmanagements. In der Praxis äußert sich das durch die Vorbildfunktion in Bezug auf den Umgang mit Wissen, die Gestaltung wissensfreundlicher Rahmenbedingungen und Infrastrukturen sowie das Setzen von Zielen und das Geben von Freiräumen.

Organisationales Lernen findet nur dann statt, wenn das individuelle Lernen der Mitarbeiter sowie deren Erfahrungen und Ideen im Alltag miteinander vernetzt werden, sodass aus persönlichen Erlebnissen organisationale Lernprozesse werden. Da das Lernen in den Köpfen einzelner Mitarbeiter oder in kleineren Projektteams stattfindet, ist das Gelernte ohne zusätzliche Maßnahmen auch auf diesen Radius begrenzt. Hier gilt es, Rahmenbedingungen, Prozesse und Infrastrukturen zu etablieren, die die Wissens- und Erfahrungsträger miteinander vernetzen. Das kann in der Praxis ganz unterschiedliche Formen annehmen. Ein Beispiel wäre die Einführung übergreifender Wissensnetzwerke, die Mitarbeiter über Abteilungs-, Projekt- und Standortgrenzen hinweg vernetzen und Wissenstransfer durch die regelmäßige Interaktion des Netzwerks ermöglichen. Ein anderes Beispiel wäre die Schaffung von informellen Lernorten – z.B. im Rahmen einer Corporate University oder einer Bibliothek –, an denen Mitarbeiter sich entlang ihrer Themenschwerpunkte treffen und austauschen können. Unabhängig von den eingesetzten Methoden und Werkzeugen funktioniert das in der Praxis aber nur, wenn die Führungskräfte das gewünschte Verhalten auch vorleben, Mitarbeiter mit Wissensteilungs- und Lernbereitschaft loben und »Lernverweigerer« sanktionieren.

14 Was versteht man unter Unternehmenskultur?

Die Unternehmenskultur beschreibt das Zusammenspiel von Grundüberzeugungen und Werten, das in einer Organisation oder einem Unternehmen zu einer beobachtbaren Verhaltensweise der Mitarbeiter führt.

Fragt man nach einer Definition für den Begriff Unternehmenskultur, bekommt man oft Antworten wie »die Werte der Organisation« oder »die Art und Weise, wie wir zusammenarbeiten« zu hören. Diese Sichtweise greift allerdings zu kurz, um systematische Analysen oder Veränderungen durchführen zu können. Hilfreich für ein gemeinsames Verständnis ist an dieser Stelle das Modell der Kultur-Ebenen nach Edgar Schein [9]. Er geht davon aus, dass die Kultur auf den Grundannahmen oder Grundüberzeugungen aller Mitarbeiter fußt. Dazu gehört das gesamte Menschen- und Weltbild der jeweiligen Person. Als zweite Ebene benennt Schein die Werte der Organisationsmitglieder, also das Gefühl für das Wichtige und Richtige. Als dritte Ebene sieht er die im Unternehmen sichtbaren Verhaltensweisen, Artefakte, Erzeugnisse und Rituale. So könnte beispielsweise die Grundüberzeugung, dass die Meinungen aller Mitarbeiter Gehör finden sollen, zum Wert der Partizipation führen, der sich darin äußert, dass bei wichtigen strategischen Fragen Mitarbeiterbefragungen oder partizipative Veranstaltungsformate durchgeführt werden. Da die Ebenen sich nach Schein auf verschiedenen Stufen der »Sichtbarkeit« befinden, wird das Modell oft in Form einer Teichrose dargestellt.

Kapitel 2

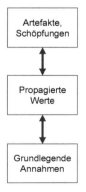

Abb. 2.3: Teichrosenmodell

15 Was ist eine gute Wissenskultur?

Unter einer guten Wissenskultur versteht man eine Unternehmenskultur, die den Wissenstransfer und die Wissensgenerierung fördert.

Betrachtet man eine Unternehmenskultur durch die »Wissensbrille«, so rücken zusätzlich zu den traditionellen Einflussfaktoren weitere Faktoren ins Blickfeld. Zunächst einmal stellt sich die Frage, ob die Führungskräfte und die gestaltenden Kräften in der Organisation davon wirklich überzeugt sind, dass Wissen und Lernen die entscheidenden Erfolgsfaktoren in der Wissensgesellschaft sind. Denn nur wenn das der Fall ist, werden sie dem Thema genügend Aufmerksamkeit und Ressourcen widmen und diese auch von anderen handelnden Parteien einfordern. Die Beschäftigung mit dem Thema Wissen führt dann dazu, dass eine richtige Sichtweise darauf entsteht und keine platten Maßnahmen wie »Wir führen eine Wissensdatenbank ein« oder »Wir machen Enterprise 2.0« betrieben werden. In einer guten Wissenskultur ist genug Raum und Zeit, um in einem offenen Dialog über den Umgang mit Wissen und Lernen in der Organisation zu sprechen, Schwachstellen aufzudecken und gemeinsam an diesen zu arbeiten. Typische Handlungsfelder in der Praxis sind neben der Führungskultur (s.a. Frage 12: Was ist wissensorientierte Führung?) der Umgang mit Fehlern, die Art wie Lernen und Weiterbildung betrieben werden und wie mit Kreativität und Innovation umgegangen wird.

16 Was ist eine gute Fehlerkultur?

Eine gute Fehlerkultur erkennt man daran,
⇨ dass mit Fehlern offen umgegangen wird,
⇨ sich niemand für Fehler schämt und
⇨ systematisch daran gearbeitet wird, dass Fehler kein zweites Mal gemacht werden.

In vielen Organisationen gehören Fehler zu den letzten großen Tabus und Mitarbeiter tun sich schwer, Fehler offen anzusprechen und an der Fehlervermeidung zu arbeiten. Management-Techniken wie beispielsweise Six Sigma haben in der Vergangenheit dazu geführt, dass »Null Fehler« als ein möglicher Zustand in den Köpfen der Mitarbeiter verankert ist. Wenn Unternehmen jedoch in Märkten aktiv sind, die sich durch eine hohe Veränderungsdynamik auszeichnen, oder unter großem Innovationsdruck stehen, ist es nicht vermeidbar, dass Fehler gemacht werden. Erfolgskritisch ist, dass systematische Prozesse etabliert sind, um Fehler zu reflektieren (z.B. Lessons Learned). Hierzu muss dem Thema »Lernen aus Fehlern« genügend Zeit eingeräumt werden und Reflexionsprozesse sind durch kompetente Moderatoren zu begleiten. Damit der gleiche Fehler nicht an anderer Stelle nochmal gemacht wird, sollten darüber hinaus Fehler und Erkenntnisse daraus möglichst breit in der Organisation gestreut werden. Nur so kann für die Organisation auch bei neuen und komplexen Themen eine steile Lernkurve gewährleistet werden.

Kapitel 2

17 Was ist eine gute Lernkultur?

In einer guten Lernkultur wird individuellem und organisationalem Lernen ausreichend Zeit und Raum eingeräumt und neben den formalen Lernprozessen insbesondere auch das informelle und selbstorganisierte Lernen gefördert.

In vielen Organisationen wird der Begriff Lernen noch mit dem schulischen Auswendiglernen gleichgesetzt. Dem folgend sind Lernprozesse in Unternehmen oft ähnlich organisiert. Es gibt Fächer (in Form von Trainings oder Kursen), die in einem Weiterbildungskatalog kommuniziert werden. Mitarbeiter werden von der Personalabteilung oder der Führungskraft entsprechenden Kursen zugewiesen. Da Wissensarbeiter jedoch ihre Lernbedarfe meist besser kennen als andere, kommt hier der Aspekt des selbstgesteuerten Lernens zu kurz. Zudem bestehen viele Kurse aus Vorträgen eines Trainers mit Powerpoint-Folien. Kurse werden mit einer Prüfung abgeschlossen, eine Bescheinigung oder ein Zertifikat in die Personalakte übertragen. Doch das bildet nur einen Teil der notwendigen Lernprozesse ab. Dieser eignet sich hauptsächlich für den Erwerb von Grundwissen, den Einstieg in ein Thema. Je kompetenter ein Mitarbeiter ist, desto mehr Bedeutung kommt dem sog. informellen Lernen zu. Ob dieser Art des Lernens genug Freiraum eingeräumt wird, kann man daran erkennen, ob z.B. informelle kreative Lernorte existieren, Wissensgemeinschaften zu Fachthemen eingesetzt werden oder Mitarbeitern explizit Lernzeiten für ihren Lernprozess eingeräumt werden.

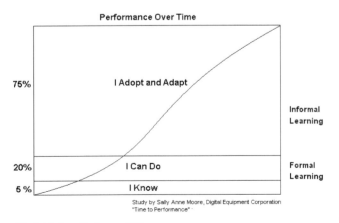

Abb. 2.4 Informelles Lernen [10]

18 Was ist eine gute Innovationskultur?

Eine gute Innovationskultur erkennt man daran, dass Mitarbeiter Zeit für das Querdenken bekommen, der Austausch über die Grenzen der Hierarchie und der Geografie hinweg gefördert wird und systematische Innovationsprozesse etabliert sind. Mit Innovation im klassischen Sinne bezeichnet man die erfolgreiche Umsetzung und Markteinführung einer Idee. Umgangssprachlich sagt man, die Idee sei nur ein Prozent einer Innovation, 99 Prozent sei Schweiß. In moderneren Ansätzen beziehen sich Innovationen nicht nur auf Produkte, sondern auch auf Prozess- und Management-Innovationen. Als Innovationskiller gelten Stress und Ablenkung. Um Innovationen in der eigenen Organisation zu fördern, muss also Zeit für das Querdenken und für Kreativität eingeräumt werden. Da Innovationen zunehmend nicht mehr in einer fachlichen Disziplin (z.b. Forschung und Entwicklung), sondern zumeist im interdisziplinären Austausch entstehen, ist die Vernetzung der Mitarbeiter über bestehende Grenzen von Abteilungen und Standorten hinweg wichtig (Stichwort: Diversity). Zunehmend zeigt sich die Tendenz, dass Ideen und Innovationen unter Schlagworten wie Crowd Sourcing oder Open Innovation nicht mehr aus der Organisation selbst, sondern von Kunden oder Externen kommen. Hierzu muss der Wert der Offenheit fest in der Kultur verankert sein. Definierte Innovationsprozesse müssen an dieser Stelle dafür sorgen, zur richtigen Zeit die richtigen Personen zu involvieren und in mehreren Stufen entlang eines Suchfeldes die Erfolg versprechenden Ideen zu identifizieren und auszuarbeiten.

Kapitel 2

19 Wer hat in Organisationen Einfluss auf die Kultur?

Jeder Mitarbeiter trägt mit seinen Überzeugungen, Werten und Verhaltensweisen jeden Tag zur gelebten Kultur bei. Den Führungskräften kommt in ihrer Rolle als Vorbild eine wichtige Funktion zu.

Oftmals gibt es im Organigramm Abteilungen und Rollen, deren Aufgabe es ist, die kulturelle Entwicklung in der Organisation zu verankern. Hierzu gehören z.B. Personalabteilungen sowie Organisations- und Personalentwicklungsstellen. Doch diesen Akteuren allein die Verantwortung für die Kultur aufzubürden, würde zu kurz greifen. Im Wesentlichen sind drei Zielgruppen für die gelebte Kultur wichtig:

⇨ Zum einen die Menge aller Mitarbeiter. Sie lassen die Kultur durch ihre täglichen Handlungen und Routinen sichtbar und spürbar werden. Für diese Zielgruppen sollten Weiterbildungen und Dialoge angeboten werden, die sich mit Ist- und Soll-Kultur beschäftigen. Darüber hinaus sollte die Wissenskultur eine Kategorie in der jährlichen Leistungsbeurteilung sein, um die Bedeutung des Themas zu unterstreichen.

⇨ Zur zweiten Zielgruppe gehören alle Akteure, die die Rahmenbedingungen der täglichen Interaktion gestalten. Dazu zählen beispielsweise die IT, das Facility und Office Management, das Projektmanagement-Offices (PMO), das Qualitäts- und Prozessmanagement sowie die Weiterbildung.

⇨ Eine besondere Rolle kommt den Führungskräften bei der Kulturentwicklung zu. Sie müssen im direkten Kontakt die gewünschten Werte und Verhaltensweisen kommunizieren und selber als Vorbild auch vorleben. Ohne diesen Schritt bleiben ehrgeizige Kultur-Entwicklungsziele oft Papiertiger und kommen über die Ebene von Postern und Präsentationen nicht hinaus.

20 Wie kann man eine gute Wissenskultur entwickeln?

Eine Kulturveränderung funktioniert wie klassische Veränderungsprozesse. Die bestehende Kultur muss bewusst gemacht, Veränderungsziele gemeinsam erarbeitet und neue Handlungsroutinen eingeübt werden.

Kulturelle Veränderungen sind generell schwierig anzugehen, weil Kultur im Gegensatz zur Umstellung einer Werkshalle wenig greifbar und beobachtbar ist. Prinzipiell folgen sie aber klassischen Change-Management-Ansätzen, wie man sie beispielsweise bei Kurt Lewin findet [11]. Dieser nannte seine drei Phasen des Wandels »unfreeze – change – refreeze«. Im Einzelnen bedeutet das, dass zunächst einmal in der Organisation eine breite Kommunikation darüber geführt werden muss, dass ein Wandel der Organisationskultur angestrebt ist. Hierbei ist insbesondere die »Wissensvision« bzw. ein Leitbild wichtig, wie mit Wissen umgegangen werden soll und welches Wissen relevant ist. Danach sollten gemeinsam Änderungen an Verhaltensweisen und damit auch notwendige Änderungen an Werten und Grundüberzeugungen erarbeitet und dann in der Praxis eingesetzt werden. Ähnlich wie es sich bei Lernkurven beobachten lässt, dauert es eine Weile, bis sich eingeübte Verhaltensweisen nachhaltig ändern. Nach der Veränderung sollten die neuen kulturellen Rahmenbedingungen »eingefroren« werden, um Mitarbeitern nicht das Gefühl des dauerhaften Wandels und der Instabilität zu geben. Oftmals wird die Etablierung einer Wissenskultur nicht gleich für eine ganze Organisation, sondern nur für einen Teilaspekt angegangen. Ein Beispiel dafür wäre die Öffnung aller Lernmaterialien für alle Mitarbeiter im Intranet, um die Öffnung der Lernprozesse zu signalisieren und selbstgesteuertes, vernetztes Lernen zu fördern.

Einführung und Verankerung

3. Kapitel

21 Was ist bei der Einführung von Wissensmanagement zu beachten?

22 Wie entwickelt man eine nachhaltige Wissensmanagementstrategie?

23 Wer sollte bei der Einführung von Wissensmanagement eingebunden werden?

24 Kann man Wissensmanagement nachhaltig in das Arbeitsumfeld integrieren?

25 Wo ist Wissensmanagement in der Praxis organisatorisch anzusiedeln?

26 Funktioniert Wissensmanagement in jedem Unternehmen?

27 Kann man Wissensaustausch und Wissensgenerierung steuern?

28 Warum benötigt ein Unternehmen Wissensmanagement?

29 Gibt es einen Zusammenhang zwischen Wissensmanagement und Lernen?

30 Funktioniert Wissensmanagement in der Praxis?

21 Was ist bei der Einführung von Wissensmanagement zu beachten?

Wie bei jedem guten Projekt ist zu Beginn das Augenmerk auf die Erstellung eines die Anforderungen abdeckenden Konzepts für die Wissensmanagement-Initiative zu legen. Die frühzeitige Einbindung aller Beteiligten, der Nutzer sowie der Unterstützer, ist dabei ein wesentlicher Erfolgsfaktor, um potenzielle Widerstände bei der Einführung zu vermeiden.

Unter Wissensmanagement versteht man vor allem den Aufbau und die kontinuierliche Anpassung eines lernfördernden Umfelds. Ein solches Umfeld besteht aus vielen Facetten, beispielsweise aus einer Lerninfrastruktur, einer Governance-Organisation und natürlich aus der notwendigen Unternehmenskultur. Wesentlich dabei sind organisatorische Freiräume für die Mitarbeiter, um aktiv Wissensaufbau im Sinne der Weiterentwicklung einer Organisation zu betreiben.

Die Mitarbeiter auf die anstehenden Veränderungen vorzubereiten, ist eine der ersten Aufgaben. Dabei ist die direkte Unterstützung des Top-Managements unabdingbar. Durch entsprechende Mitarbeiterkommunikation sollten die strategische Bedeutung des Wissensmanagements thematisiert und die Mitarbeiter zur Beteiligung motiviert werden. Als nächstes gilt es, das mittlere Management sowie weitere relevante Personen einzubinden. In einer detaillierten Stakeholderanalyse sollten solche Personen sowie ihre unterschiedlichen Interessen und ihr Einfluss auf die Initiative identifiziert werden. In direkten Gesprächen sind mögliche Bedenken oder zu erwartende Hürden abzufragen und mit einer Argumentationskette zu adressieren.

Dabei sollte grundsätzlich die Frage im Vordergrund stehen: Was hat jeder einzelne davon? Welchen Mehrwert bringt Wissensmanagement für ihn, welche Gefahren und Bedrohungen könnten sich aus seiner Sicht dadurch ergeben?

Es empfiehlt sich, die Einführung mit einem Changemanagement-Projekt zu begleiten, welches direkt auf diese Fragestellungen Bezug nimmt und somit den Wandel der gesamten Organisation unterstützt.

22 Wie entwickelt man eine nachhaltige Wissensmanagementstrategie?

Eine Wissensmanagementstrategie ist immer spezifisch für eine Organisation bzw. Organisationseinheit. Das bedeutet, sie steht in direktem Zusammenhang mit deren Strategie und Zielen und muss davon abgeleitet werden.

Basierend auf diesen beiden Einflussgrößen empfiehlt es sich, zunächst das notwendige Kernwissen für die Geschäftsinhalte zu beschreiben. Eine Bestandsaufnahme hilft dabei, vorhandenes Wissen und Wissensquellen zu identifizieren sowie die Wissensdefizite herauszufinden. Dazu gibt es verschiedene Methodiken wie Wissensradar, Wissenslandkarte oder auch – ganz konventionell – Workshops mit Vertretern der wichtigsten Abteilungen, z.b. Strategie, Marketing, Entwicklung etc. Als Ergebnis sollte eine klare Vorstellung vorhanden sein, welches Kern-Know-how für das heutige Portfolio wo vorhanden ist, welches Know-how mittel- und kurzfristig erforderlich ist und in welchen Bereichen es Handlungsbedarf gibt.

Auf dieser Basis können ein Maßnahmenplan erstellt, Umsetzungsverantwortliche benannt und idealerweise eine Projektstruktur und das Umsetzungs-Controlling aufgesetzt werden. Dabei ist es wichtig zu berücksichtigen, dass Wissensaufbau in aller Regel nur mit und durch die Mitarbeiter möglich ist. Deswegen empfiehlt es sich immer, diese in den Fokus aller Aktivitäten zu stellen und die betroffenen Personen rechtzeitig einzubinden. Durch die Schaffung von Gestaltungsspielräumen und die Möglichkeit aktiver Mitwirkung werden aus Betroffenen Beteiligte. Das sichert die Akzeptanz und letztlich den Erfolg des ganzen Vorhabens.

23 Wer sollte bei der Einführung von Wissensmanagement eingebunden werden?

Im Endeffekt muss bei der Einführung von Wissensmanagement die gesamte Organisation in irgend einer Art und Weise eingebunden werden. Dabei sind die Besonderheiten des jeweiligen Personenkreises zu beachten.

⇨ **Top-Management:** Das Top-Management ist in erster Linie bei der Erstellung der Wissensmanagementstrategie gefordert. Die direkte Verbindung zu der strategischen Ausrichtung und den Geschäftszielen eines Unternehmens macht es erforderlich, diesen Prozess mit dem Leitkreis zu gestalten. Bei der Umsetzung ist wiederum dieser Personenkreis für die Erreichung der notwendigen Firmenkultur erforderlich. Mitarbeiterkommunikation, Zielvorgaben und positives »Vorleben« bieten hier die größten Hebel für eine direkte Beeinflussung.

⇨ **Mittleres Management:** Damit die Top-Down-Effekte, wie oben beschrieben, auch greifen können, ist zumindest eine Durchlässigkeit dieser oftmals als »Lehmschicht« titulierten Ebene erforderlich. Dies kann erreicht werden, indem Wissensmanagement-Ziele, adaptiert an die jeweilige Organisationseinheit, in die Zielvereinbarungen mit aufgenommen werden. Eine Einbindung in die Aufgabe der operativen Steuerung des Wissensmanagements hebt die besondere Stellung des Mittleren Managements hervor und ermöglicht ihm, Einfluss zu nehmen. Zudem benötigen exponierte Rollen auch besondere Freiräume in Bezug auf Zeit und Budget, die vom Mittleren Management sichergestellt werden müssen.

⇨ **Mitarbeiter:** Die Einbindung der Mitarbeiter ist in der Konzeptionsphase sicher nur punktuell möglich. Es sollte sichergestellt werden, dass auf alle Fälle Meinungsbildner und Stakeholder in die Workshops eingeladen werden, wenn es um Fragen der Art und Weise der Umsetzung geht. Im Vordergrund aller mitarbeiterorientierten Kommunikation sollte immer der Nutzen des Einzelnen stehen. Zum einen kann dies der direkte Nutzen für die tägliche Arbeit sein, zum anderen auch der Nutzen im Hinblick auf berufliches Weiterkommen. Ein Kriterium zur Einschätzung des persönlichen Erfolgs ist zum Beispiel beim Unternehmen Google der Faktor, wie häufig ein Mitarbeiter Kollegen unterstützt hat und wie positiv dies von ihnen bewertet wird.

24 Kann man Wissensmanagement nachhaltig in das Arbeitsumfeld integrieren?

Wissensmanagement kann man nicht nur in das Arbeitsumfeld integrieren, sondern muss es sogar. Erst wenn das gelungen ist, hat ein Unternehmen eine Lernkultur erreicht, die die Weiterentwicklung und den Geschäftserfolg nachhaltig unterstützt.

Aufgrund der Tatsache, dass die »Wissensorganisation« nicht identisch ist mit der hierarchischen Organisation, ist es essentiell, dafür zu sorgen, dass die Regeln und Rollen der Linienorganisation hinreichend berücksichtigt werden. In einer solchen »organisationalen« Integration sind demzufolge Rollenbeschreibungen, Prozesse und Zielvorgaben auf das Thema Wissensmanagement abzustimmen und zu ergänzen. Neue Rollen wie beispielsweise die des Community Manangers sind mit aufzunehmen und als offizielle Stellenbeschreibungen zu hinterlegen. Nur so kann gewährleistet werden, dass diese wissensmanagement-orientierten Rollen adäquat besetzt und in den Karrierepfad aufgenommen werden können.

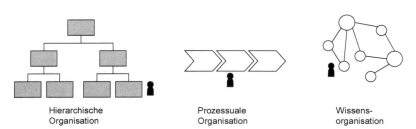

Abb. 3.1: Organisationsformen in Unternehmen

Bei der »prozessualen« Integration geht es um die Integration von Methoden und IT. Zum einen müssen Wissensmanagementmethoden in die Prozesse eingebaut werden, zum anderen sind die Applikationen zum Wissensaustausch in die vorhandene Tool-Landschaft zu integrieren. Dies sichert die tägliche Nutzung im Arbeitsprozess.

Als Beispiel sei hier eine Lessons Learned-Applikation genannt, die ein Bestandteil des sozialen Intranet sein sollte und direkt aus dem Workflow heraus aufgerufen wird. Damit ist sichergestellt, dass, immer wenn ein Lessons Learned zu erstellen ist, dies unmittelbar in der richtigen Form und an der richtigen Stelle geschieht.

25 Wo ist Wissensmanagement in der Praxis organisatorisch anzusiedeln?

Die Aufgabe des Wissensmanagements sollte dort angesiedelt werden, wo der größte Hebel und Bedarf für Wissensmanagement existiert. Das kann in jeder Organisation unterschiedlich sein. Ein naheliegendes Beispiel wäre die Ansiedlung des Wissensmanagements in der **HR-Abteilung**. Mitarbeiterbetreuung, Mitarbeiterförderung und Kompetenzentwicklung sind in aller Regel Teil ihrer Aufgaben. Damit wäre es aus organisatorischer Sicht kein großer Schritt mehr zum Wissensmanagement.

Ein anderes Modell, das man in Unternehmen antrifft, ist die Ansiedlung des Wissensmanagements in der **Strategieabteilung**. Da Wissensmanagement sehr stark von der strategischen Ausrichtung eines Unternehmens beeinflusst wird, existiert hier ein direkter Link zur Gesamtstrategie. Wie unter Frage 22 beschrieben, sind Unternehmensstrategie und Wissensmanagementstrategie sehr eng miteinander verbunden.

In anderen Unternehmen ist die **Marketingabteilung** federführend beim Wissensmanagement. Dies liegt häufig darin begründet, dass gutes Wissensmanagement sehr stark von der Unternehmenskultur abhängig ist und Kultur wiederum stark von der Kommunikation beeinflusst wird.

Die letzte hier zu erwähnende Variante ist die **IT-Abteilung** als »Owner« des Wissensmanagements. Häufig ist dies darauf zurückzuführen, dass in aller Regel eine IT-Plattform vorhanden ist oder aufgebaut wird, die Wissensmanagement unterstützen soll. Gerade in Zeiten von Social Media und Enterprise 2.0 haben viele Unternehmen solche Plattformen bereits eingeführt und möchten sie natürlich auch für die Wissensmanagement-Aufgaben nutzen.

Egal, für welche Abteilung das Unternehmen sich letztlich entscheidet, Wissensmanagement ist immer eine interdisziplinäre Aufgabe. Der »Owner« sollte immer derjenige sein, der den höchsten Stellenwert und damit die größte Durchsetzungskraft in einer Organisation hat und es am besten schafft, strategische Partnerschaften mit den anderen Fraktionen aufzubauen.

26 Funktioniert Wissensmanagement in jedem Unternehmen?

Wenn man voraussetzt, dass in jedem Unternehmen Wissen in irgendeiner Form vorhanden ist und benötigt wird, stellt sich auch in jedem Unternehmen die Aufgabe des Wissensmanagements. Die Ausprägungen sind indessen sehr unterschiedlich.

So betreiben viele Unternehmensberatungen schon seit vielen Jahren Wissensmanagement, ohne es in jedem Falle auch so zu nennen. In der Regel werden an einem Tag in der Woche die Erkenntnisse und Erfahrungen der Woche dokumentiert und gegebenenfalls diskutiert. Die Dokumentation dient zur Kodifizierung von Wissen, um es dadurch auch für andere zugänglich zu machen, die Diskussion dem aktiven Austausch und damit Aufbau weiteren Wissens im Kollegenkreis.

Das in vielen Handwerksbetrieben schon seit vielen Jahren praktizierte Meister-Lehrling-Prinzip wird selten als Wissensmanagement bezeichnet, wenngleich es nichts anderes ist. Die direkte Weitergabe des Wissens von einem erfahrenen Experten an einen Unerfahrenen wird heute auch von anderen Unternehmen adaptiert. Unter der Bezeichnung Mentoring oder Tandem wird auch dort der direkte Austausch institutionalisiert.

Serviceorientierte Unternehmen verfügen in der Regel über zentrale Datenbanken mit Informationen über alle Kunden, alle Störungen und alle Serviceeinsätze. Eine systematische Auswertung und Aufbereitung dieser Informationen dient der Gewinnung neuer Erkenntnisse über die Zuverlässigkeit von Geräten, über die Dauer von Störungsbeseitigungen oder das Kundenverhalten, die allen Servicemitarbeitern zur Verfügung gestellt werden können und zu einer nachhaltigen Leistungs- und/oder Qualitätsverbesserung führen.

Die Beispiele sollen zeigen, dass Wissensmanagement sehr unternehmensindividuell ist und Art sowie Ausprägung sich stark an den Geschäftsinhalten und Geschäftszielen orientieren müssen. Aber der Bedarf nach Wissensmanagement besteht in jedem Unternehmen. Und bei richtiger Konzeption und Implementierung funktioniert es auch in jedem Unternehmen.

27 Kann man Wissensaustausch und Wissensgenerierung steuern?

Zu den wesentlichen Aufgaben des Wissensmanagements gehören die Generierung und der Austausch des organisationalen Wissens. Dies geschieht in aller Regel nicht von alleine. In der Praxis haben sich aber Ansätze etabliert, die diesen Austausch stimulieren und gezielt beeinflussen können.

Neben den klassischen Maßnahmen wie interne Schulungen oder Symposien sind hier vor allem Communities zu nennen. Communities sind Zusammenschlüsse von Experten zu verschiedenen Fachgebieten, die sich virtuell oder persönlich austauschen, gemeinsam an Themen arbeiten und mit ihrem Wissen andere Kollegen unterstützen.

Im Gegensatz zu freiwilligen, interessensgetriebenen Communities, wie man sie beispielsweise aus dem Internet kennt, wird eine »Experten-Community« häufig aus strategischer und geschäftspolitischer Sicht aufgesetzt. So könnte zur Sicherung und Erweiterung von strategischem Kernwissen eine Community für ein Fachthema, beispielsweise berührungslose Sensoren, sinnvoll sein. Es werden dann alle Fachexperten in diese Community »berufen« und mit klaren Rollenbeschreibungen versehen. Das ist wesentlich, damit die Arbeit und die Arbeitsergebnisse der Community auch von außen zu beeinflussen sind. Ein Community-Manager oder auch ein Community-Moderator ist erforderlich, der zum einen Besprechungen organisiert, Termine verfolgt, aber auch das Reporting der Community-Ergebnisse in Richtung eines »Leitkreises« übernimmt. (Ein Leitkreis wird manchmal auch Steering Committee oder Sounding Board genannt. Hier ist damit das Führungsgremium der Communities gemeint, in dem z.B. Entscheidungen über Budgets getroffen werden.) Der Moderator und die Mitglieder müssen entsprechende Zielvorgaben erhalten, an denen auch ihr beruflicher Erfolg gemessen wird.

Eine der größten Herausforderungen bei Communities ist die Einbindung in die Linienorganisation. Da in der Regel die besten Experten für diese Aufgabe benötigt werden, beschneidet man ihre Vorgesetzten direkt im Hinblick auf Einsatz und Zielsetzung dieser Personen. Abhilfe kann hier die Einbindung dieser Führungsebene in die Ausrichtung der Community schaffen, beispielsweise durch ihre Teilnahme an Strategie-Workshops oder durch die Übernahme einer Patenschaften für eine Community. Und natürlich empfiehlt es sich, die Verfügbarkeit und die Leistung eines Experten in der Community auch in die Zielvorgaben des Vorgesetzten aufzunehmen. Das erzeugt eine starke Identifikation und ist nach wie vor als Steuerungsinstrument unübertroffen.

28 Warum benötigt ein Unternehmen Wissensmanagement?

Wissen ist in der heutigen Zeit ein entscheidender Faktor für den Erfolg eines Unternehmens. Nicht mehr Arbeit, Kapital und Boden, sondern Wissen ist der entscheidende Wettbewerbsfaktor, vor allem in einem hoch industrialisierten Land wie Deutschland.

Damit ergibt sich die Notwendigkeit, Wissen genau wie andere Produktionsfaktoren zu managen. Da es sich bei Wissen um ein »intangible Asset«, also um einen immateriellen Vermögenswert handelt, ist für das Wissensmanagement ein ganzheitlicher Ansatz notwendig. Darin sind Wissensbewahrung, Wissensbereitstellung, Wissensaustausch und Wissensgenerierung zu berücksichtigen.

Leider fehlt häufig diese Erkenntnis. Wissensverlust durch Fluktuation oder auch nur durch Jobwechsel wird oft nicht kompensiert, ein Defizit an Wissen, beispielsweise über neue Technologien, nur unzureichend adressiert. Das Ergebnis schlägt sich dann direkt im wirtschaftlichen Erfolg eines Unternehmens nieder, wird aber nicht ursächlich als Defizit im Wissensmanagement erkannt.

Klassisches Beispiel für ineffizientes Wissensmanagement sind die Lessons Learned im Projektgeschäft. Der rein formale Akt der Lessons Learned-Erzeugung findet häufig statt, die Verbreitung und Nutzung der Erfahrungen leider nicht. Damit wiederholen sich Fehler oder Fehleinschätzungen, die Konflikte herbeiführen und letztlich Mehrkosten erzeugen, die den Erfolg eines Projekts gefährden.

Es zeichnet sich ab, dass im 21. Jahrhundert der Umgang mit Wissen in einem Unternehmen zu einem entscheidenden Wettbewerbsfaktor wird. Die Unternehmen, die konsequentes Wissensmanagement betreiben, werden erfolgreich sein, diejenigen, die es nicht tun, werden um ihre Existenz kämpfen.

29 Gibt es einen Zusammenhang zwischen Wissensmanagement und Lernen?

Wissensmanagement muss die Voraussetzungen schaffen, damit in einer Organisation eine Lernkultur entsteht. Da in vielen Organisationen ein großer Teil des Kernwissens persönliches Wissen der Mitarbeiter ist und Wissen bekanntlich durch Lernen entsteht, muss Wissensmanagement diesen Fakt in besonderem Maße adressieren. Dabei geht es nicht nur darum, dem einzelnen Mitarbeiter die Möglichkeit zum Lernen zu eröffnen, sondern im Besonderen auch um das Miteinander- und Voneinander-Lernen.

Das klassische »Classroom Learning« verliert mehr und mehr an Bedeutung. Der langfristige Planungszeitraum, die tagelange Abwesenheit des Mitarbeiters sowie die häufig nur teilweise nutzbaren Inhalte der Schulungen haben die Akzeptanz bei Vorgesetzten und Mitarbeitern schwinden lassen. Durch das Internet und soziale Medien gibt es heute eine Vielzahl weiterer Möglichkeiten, Informationen abzurufen und Wissen aufzubauen, und zwar situativ und unabhängig von Ort und Zeit.

Der Fokus liegt nicht mehr auf der jährlichen Weiterbildungsmaßnahme, sondern das »Lifetime Learning« rückt immer mehr in den Vordergrund. Moderne Unternehmen ermöglichen ihren Mitarbeitern, individuell das Wann, Wo, Wie und Was des Lernens selbst zu bestimmen. Dabei spielen natürlich die notwendigen Infrastrukturen – in Form von IT, aber auch physikalische Infrastrukturen wie Creative Learning Spaces – eine wichtige Rolle.

Auf dieser Basis organisieren bzw. erstellen teilweise die Unternehmen, teilweise die Mitarbeitern selbst Massive Open Online Courses (MOOCs), Lernvideos, Bar Camps und andere an der Zusammenarbeit orientierte (»collaborative«) Lernmittel und stellen sie allen Mitarbeitern zur Verfügung. Als Ziele haben solche Unternehmen die »Lernende Organisation« formuliert. Durch die Motivation der Mitarbeiter, sich Wissen anzueignen, wird ihr Wert für das Unternehmen und infolgedessen der Wert des gesamten Unternehmens gesteigert.

30 Funktioniert Wissensmanagement in der Praxis?

Einfache Antwort: Ja. Es gibt eine Reihe von Unternehmen, die Wissensmanagement auf ihre ganz spezifische Art institutionalisiert haben und als integralen Bestandteil ihres Unternehmens sehen.

Beispielsweise hat die adidas Group ihre Wissensmanagement-Strategie als ein zentrales Thema ihres Unternehmensprogramms »Route 2015« definiert. Im Zuge eines CKM-Projekts (Collaboration & Knowledge Management) wurden ein soziales Intranet implementiert und Wissensmanagement-Schwerpunkte wie Wissenslandkarten, Expert Debriefing oder Communities definiert und implementiert. Als äußerer Ausdruck einer neuen Lernkultur wurde in Herzogenaurach sogar ein adidas Learning-Campus erbaut.

Die Firma Bosch will mit der Einführung der Plattform »Bosch Connect« einen Schritt in Richtung Enterprise 2.0 machen. Basierend auf einer Social Media-Plattform wurden Communities als neue Arbeitsorganisationen implementiert und Prinzipien wie Reverse Mentoring oder Co-Creation etabliert. (Beim **Reverse Mentoring** dienen jüngere Mitarbeiter den älteren und erfahrenen in Bezug auf den Umgang mit neuen Technologien als Mentor [12]. **Co-Creation** bedeutet, dass Unternehmen gemeinsam mit Kunden oder auch firmenintern bei verschiedenen Disziplinen zusammenarbeiten und ein gemeinsames Produkt entwickeln [13].) Das Ziel bei Bosch ist eine neue Unternehmenskultur mit mehr Innovationen und flexibleren Organisationsformen.

Continental hat den Schwerpunkt seiner Wissensmanagement-Aktivitäten zunächst auf die bessere Vernetzung der einzelnen Mitarbeiter, aber auch externer Kunden und Partner gelegt. Unter dem Namen »ConNext« wurde eine Initiative zur Entwicklung einer neuen Netzwerkkultur gestartet. Über 400 Guides begleiten und forcieren die Implementierung weltweit. Ziel dabei ist es, den Informationsaustausch und die Zusammenarbeit zu fördern und dadurch Wissen gezielt aufzubauen und zu teilen.

Handlungsfelder und Methoden

4. Kapitel

31 Wie erleichtert man die Identifikation von Wissen?
32 Wie vollziehen sich Wissenserwerb und -entwicklung?
33 Auf welchen Wegen erfolgt die Wissensverteilung und -nutzung?
34 Welche Strategien zur Wissensbewahrung gibt es?
35 Wie funktioniert Mind Mapping?
36 Was leisten Lessons Learned?
37 Welche Orientierung bieten Wissenslandkarten?
38 Welchen Sinn haben Yellow Pages?
39 Wie funktionieren Communities of Practice?
40 Wie fördert Gamification die Motivation?

Kapitel
4

31 Wie erleichtert man die Identifikation von Wissen?

Die Wissensidentifikation zielt darauf ab, einen »Wissenssuchenden« zu dem benötigten Wissen zu führen. Das kann die Identifikation von Personen oder Inhalten als Wissensträger umfassen. Oft geht es darum, das sprichwörtliche Rad nicht neu erfinden zu müssen. Es muss also eine Möglichkeit geschaffen werden, vorhandenes Wissen einfach und schnell identifizieren zu können. Dabei kann es sich um unternehmensinternes oder auch -externes Wissen handeln. Zur Wissensidentifikation gibt es prinzipiell zwei Möglichkeiten. So können etwa Angebote bereitgestellt werden, um darüber Menschen mit entsprechendem Wissen zu finden. Das können z.b. Yellow-Page-Systeme (Expertenverzeichnisse) oder soziale Netzwerke mit entsprechenden Profilen sein. Der zweite Weg ist, Inhalte auffindbar zu machen, die Dokumentationen zu dem gesuchten Wissen enthalten. In diesen Bereich fallen beispielsweise Navigationssysteme und Suchmaschinen. Ein Problem bei dokumentiertem Wissen ist, dass Wissen immer an einen bestimmten Kontext gebunden ist und sich nicht auf beliebige andere Kontexte übertragen lässt. Beispiel wäre ein Projektabschlussbericht, der Lessons Learned enthält, die aber nicht zwingend für ein anderes Projekt gültig sind.

Großer Vorteil der modernen sozialen Medien ist, dass Nutzer bei Ihren Aktivitäten »digitale Spuren« hinterlassen, die zur Wissensidentifikation genutzt werden können. Editiert ein Mitarbeiter beispielsweise eine Themenseite im Wiki oder bloggt zu dem Thema, kann man auf vorhandene Expertise rückschließen. Diese Aktivitäten werden im sog. Aktivitätenstrom abgebildet und können wie bei Twitter per Suchmaschine gesucht und gefunden werden.

32 Wie vollziehen sich Wissenserwerb und -entwicklung?

Beim **Wissenserwerb** handelt es sich nicht um den Erwerb bereits vorhandenen Wissens, sondern um individuelles Lernen auf Basis von Informationen und Erfahrungen. Das Wissen wird auf Grundlage des vorhandenen Vorwissens erst im Gehirn der lernenden Person konstruiert.

Wissenserwerb vollzieht sich über kognitive Prozesse wie insbesondere Wahrnehmung, Vorstellung, Denken, Urteilen und Sprache. Damit ist der Vorgang des Wissenserwerbs etwas sehr Individuelles und in gewisser Hinsicht eine Grundbegabung. Im Zuge des Wissensmanagements kann man diesen Prozess fördern und unterstützen. Dabei kommen der Gestaltung von Lernumgebungen und den Lernmöglichkeiten eine besondere Bedeutung zu.

In einem Unternehmen könnten als moderne didaktische Unterstützung beispielsweise Lernvideos, Podcasts oder Webinare angeboten werden. Durch die Schaffung kreativer Lernumgebungen wie Creative Spaces, Knowledge Cafés und Lernwerkstätten sowie durch die Einrichtung eines Social Intranet zur Vernetzung der Mitarbeiter wird die Wissensweitergabe und damit der Wissenserwerb des Einzelnen zusätzlich unterstützt.

Wissensentwicklung ist als komplementärer Prozess zum Wissenserwerb zu sehen, in dem die Weiterentwicklung vorhandenen und die Generierung neuen Wissens im Vordergrund stehen. In Unternehmen muss Wissensentwicklung sowohl auf individueller als auch auf organisatorischer Ebene geschehen. Das heißt, es ist notwendig, den Mitarbeitern erforderliche Freiräume und Eigenverantwortung zu geben und somit eine Kultur des Lernens zu schaffen. Nur so entwickelt sich durch den Wissenszuwachs der Mitarbeiter auch das Wissen des gesamten Unternehmens weiter.

Die Entstehung neuen Wissens lässt sich mit unterschiedlichsten Methoden fördern. Exemplarisch seien hier nur Weiterbildungsmaßnahmen, Mentoring, Arbeitskreise oder Communities genannt.

Die Ziele des Wissenserwerbs und der Wissensentwicklung sind grundsätzlich dieselben. Es geht in beiden Fällen um die Erweiterung der Wissensbasis, die Schließung von Wissenslücken und die Gewinnung neuer Fähigkeiten und Ideen.

33 Auf welchen Wegen erfolgt die Wissensverteilung und -nutzung?

Die Wissensverteilung kann über Personen oder Medien erfolgen. Die Wissensnutzung erfolgt vorwiegend durch Personen. Die Entwicklung geht allerdings dahin, dass auch Computer bereits in der Lage sind, bestimmte Arten von Wissen zu nutzen.

Unter Berücksichtigung der Ausführungen in Frage 32 und 34 kann die Wissensverteilung auf zwei Wegen erfolgen. Erfolgt sie über Personen, so ist sie authentischer. Durch Beobachten und Nachfragen bekommt der Wissenssuchende häufig einen besseren Einblick als durch die Wissensaufnahme über die verschiedenen Medien. Das Wissen lässt sich jedoch leichter über Medien als über Personen verteilen, da der Zugriff auf diese Medien flächendeckender erfolgen kann als der Zugriff auf Personen. Eine zukunftsträchtige Mischform daraus sind Videos, die von einer zentralen Stelle abgerufen werden können, aber dennoch den Charakter einer personalisierten Wissensvermittlung haben.

Insgesamt mangelt es im Wissensmanagement immer noch häufig an der effizienten Nutzung des Wissens. Auch wenn ein riesiger Wissens- bzw. Informationsschatz vorhanden und vielen zugänglich ist, gibt es dennoch einige Gründe, warum Wissen nicht effizient genutzt wird. Eine wesentliche Rolle spielen dabei die Unkenntnis über die Wissensquellen, das »Not invented here-Syndrom«, die Unübersichtlichkeit und schwer zu bewältigende Informationsfülle und der (angebliche) Zeitmangel.

Die umfangreiche Verfügbarkeit von Wissen in den Medien führt teilweise auch dazu, dass die Bereitschaft einiger Menschen, sich Wissen anzueignen, nachlässt, da sie es jederzeit und überall bei Bedarf abrufen können. Die eigene Erfahrung ist jedoch für den Wissenserwerb immens wichtig. Kodifiziertes Wissen ist noch lange kein verinnerlichtes Wissen.

34 Welche Strategien zur Wissensbewahrung gibt es?

Die Wissensbewahrung zielt darauf ab, Wissen auch zu späteren Zeitpunkten nutzbar machen zu können. Zwei Grundstrategien hierbei sind die Personalisierungs- und die Kodifizierungsstrategie.

Die **Personalisierungsstrategie** zielt darauf ab, einen dauerhaften Bestand von Personen zu etablieren, die sich als »Besitzer eines Wissensbestandes« verstehen. Durch regelmäßige Interaktion dieser Personen wird Wissen sozialisiert und über Generationen bewahrt. Als historische Beispiele hierfür können die katholische Kirche oder auch die Universitäten genannt werden. Im geschäftlichen Umfeld kann dieser Ansatz z.b. über die Etablierung von Communities of Practice als Institutionen der dauerhaften Wissensbewahrung realisiert werden.

Die **Kodifizierungsstrategie** verfolgt einen anderen Ansatz. Hier wird versucht, das Wissen durch Dokumentation von den Einzelpersonen zu lösen und über Medien (Höhlenmalerei, Buch, Word-Dokument, Wiki) dauerhaft zu bewahren. Nachteil bei diesem Verfahren ist, dass solche Dokumentationen sehr aufwändig sind und auch nicht alle Aspekte des Wissens erfassen können (sog. implizites Wissen). Beispiele für die Kodifizierung sind Bibliotheken oder firmeninterne Wikis. In der Praxis sind diese Strategien selten in Reinform zu finden, die Lösung besteht zumeist in hybriden Ansätzen (Universitäten verfügen ja i.d.R. auch über Bibliotheken). Ob der eigene Ansatz eher personen- oder dokumentenzentriert sein soll, muss von jeder Organisation individuell entschieden werden.

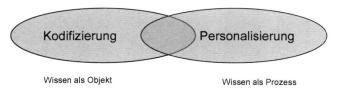

Wissen als Objekt   Wissen als Prozess

Abb. 4.1: Personalisierung vs. Kodifizierung [14]

35 Wie funktioniert Mind Mapping?

Der Begriff Mind Map lässt sich ins Deutsche als Gedanken(land)karte übersetzen, demzufolge ist Mind Mapping die Erstellung einer solchen Karte. Diese Methode der visuellen Darstellung eines Themengebietes geht auf den britischen Psychologen Tony Buzan zurück. Basierend auf der Erkenntnis, dass das menschliche Gehirn aus zwei Hälften mit unterschiedlichen Schwerpunkten besteht, ersann er Mind Mapping als Methode, beide Hälften gezielt anzusprechen.

Die Erstellung einer Mind Map beginnt mit einem zentralen Knoten, der das jeweilige Thema benennt. Davon ausgehend werden Verbindungen (Äste) zu einzelnen Gliederungspunkten (Knoten) gezogen. Jeder Gliederungspunkt kann wiederum in beliebig viele Knoten untergliedert werden, die über Äste dem Ausgangsknoten zugeordnet sind. Jedem Knoten lassen sich beliebige Eigenschaften zuordnen. Am Ende hat eine Mind Map eine Baum- oder Netzstruktur und kann wie folgt aussehen:

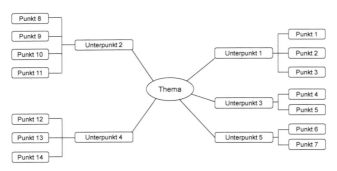

Abb. 4.2: Beispiel einer Mind Map

Mind Mapping kann in vielen unterschiedlichen Bereichen als Methode eingesetzt werden. Die »gehirngerechte« Darstellung in einer Mind Map erlaubt es, übersichtlich zu planen, zu organisieren und zu lernen.

Mind Mapping funktioniert bereits mit einem leeren Blatt und einem Stift, es wird aber auch durch eine Vielzahl von Softwareprodukten unterstützt (Mind Manager, XMind, FreeMind, MindView, iThoughts).

Die Mind Mapping-Methode ist einfach in der Handhabung und ermöglicht es, Themen präzise und klar zu strukturieren und zu kommunizieren. Mind Maps können leicht verändert werden und fördern zudem Kreativität und Zusammenarbeit.

36 Was leisten Lessons Learned?

Lessons Learned bedeutet, Erfahrungen aufzunehmen, sie an die eigene Situation anzupassen und so Fehler möglichst zu vermeiden, gute Ergebnisse hingegen möglichst oft zu wiederholen.

Häufig werden Lessons Learned zum Abschluss eines Projektes erfasst und in eine Projektabschlussdokumentation übernommen. Es handelt sich dabei um Lektionen aufgrund positiver oder negativer Erfahrungen, die sich auf einen spezifischen Prozess oder eine Entscheidung beziehen, erwiesenermaßen korrekt sind und dazu dienen, Fehler und Kosten in Zukunft zu vermeiden sowie die Qualität und die Erfolgsrate zu erhöhen. Damit ist nicht eine Theorie oder Vision gemeint, eine generelle Annahme oder Behauptung ohne Details oder eine Abschätzung zukünftig möglicher Vorteile.

Lessons Learned sollten daher auf jeden Fall folgende Kriterien enthalten:
⇨ einen aussagekräftigen Titel, der im Ansatz schon Frage und Lösung enthält;
⇨ eine genaue Beschreibung der Ausgangssituation;
⇨ eine genaue Beschreibung der Lösung;
⇨ bei einer Vorhaltung in Datenbanken, markante Schlüsselwörter für die Suche.

Die Erarbeitung von Lessons Learned dient auch dazu, sich vergangene Situationen noch einmal bewusst zu machen und zu beschreiben.

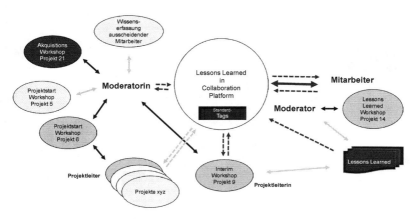

Abb. 4.3: Lessons Learned im Unternehmen

37 Welche Orientierung bieten Wissenslandkarten?

Eine Wissenslandkarte stellt grafisch Wissensgebiete und deren Zusammenhänge dar. Möchte man sich in einem unbekannten Gebiet zurechtfinden, verwendet man dazu Landkarten. Diese gibt es – je nach Anwendungszweck – in verschiedenen Ausprägungen. Gängig sind beispielsweise Stadtkarten, Seekarten, Fahrradkarten und topografische Karten (Wanderkarten). Gemäß des Zitats »The Map is Not The Territory« enthalten Karten nicht alle Details, sondern nur die wichtigsten Eckdaten und Verweise zu Inhalten. So steht z.b. in einem Stadtplan nicht, wo das Bürgermeister-Büro ist, sondern es ist nur das Rathaus verzeichnet. Wissenslandkarten stellen eine Übertragung der Landkarten-Idee auf das Wissen dar. Das in Köpfen gespeicherte Wissen kann man ähnlich einer Landschaft in zwei- oder dreidimensionaler Form visualisieren. Die Visualisierung bietet im Vergleich zu Texten den Vorzug, dass sich Menschen darin schneller zurechtfinden. Einzelne Bereiche der Wissenslandkarte können dann zu den entsprechenden Wissensquellen führen. Das können Personen, Gruppen von Personen oder auch Dokumentationen sein. In der Praxis hat sich bewährt, Mind Maps für die Visualisierung von Wissenslandkarten zu verwenden und darin Verweise auf Wissensquellen zu verzeichnen.

Abb 4.4: Teil einer Wissenslandkarte

38 Welchen Sinn haben Yellow Pages?

Unter Yellow Pages versteht man Kurzprofile von Mitarbeitern bzw. Mitgliedern einer Gruppe innerhalb einer Community oder eines Netzwerks, die in einer Programmanwendung erstellt und gepflegt werden. Sie helfen, schnell die richtigen Ansprechpartner zu finden.

Der Begriff stammt aus den Gelben Seiten des Telefonbuchs, in denen man Firmen nach Kategorien suchen kann (im Gegensatz zu den White Pages, die das normale Telefonbuch repräsentieren). Sinn der Yellow Pages ist es, dass sich Mitglieder einer Gemeinschaft gegenseitig besser über Ihre Kenntnisse, Interessen, Ausbildung, aktuelle und vergangene Funktionen und andere Merkmale informieren können. Solche Yellow Pages sind häufig in Software-Anwendungen von Unternehmen zu finden, wo Mitarbeiter mit ihren dienstlichen Basisdaten eingetragen sind (Name, Abteilung, Funktion, Telefonnummer, E-Mail, Anschrift etc.). Inzwischen erlauben immer mehr solcher Anwendungen auch den Eintrag beruflicher Qualifikationen oder privater Interessen. Wichtig ist es, hier die Vorschriften des Datenschutzes zu beachten und Vereinbarungen mit dem Betriebsrat zu treffen. Der Auffindung qualifizierter Ansprechpartner sind diese Anwendungen sehr dienlich. Sie helfen, Wissen innerhalb einer Firma leichter zugänglich zu machen.

Auch außerhalb des Unternehmensbereichs haben sich solche Netzwerke auf freiwilliger Basis durchgesetzt. Gute Beispiele hierfür sind Plattformen wie LinkedIn oder XING.

Abb. 4.5: Beispiel Mitarbeiterprofil in Yellow Pages

39 Wie funktionieren Communities of Practice?

Unter Communities of Practice (CoP) versteht man nach Etienne Wenger eine Gruppe von Personen, die eine Leidenschaft für etwas teilen und die regelmäßig miteinander interagieren, um sich hinsichtlich des geteilten Interesses zu verbessern. Eine CoP ist durch ein gemeinsames Wissens- oder Interessengebiet, die Community und die Interaktion gekennzeichnet. Das gemeinsame Interessengebiet kann sehr unterschiedlich sein, von einem Fußballverein bis zur Kardiologie. Die Mitgliedschaft in einer Community verlangt ein Bekenntnis zu diesem Thema.

Die Community besteht aus den Mitgliedern, die sich über das Interessengebiet austauschen und diskutieren, wodurch sowohl ein Wissenstransfer als auch die Erzeugung neuen Wissens stattfindet. Eine Community ist meist informell und organisiert sich selbst. Sie bildet sich häufig auf freiwilliger Basis im Internet, die Treffen finden in der Regel virtuell, selten auch physisch statt. Der Lebenszyklus einer CoP ist zeitlich unbegrenzt. Solange das Interesse an dem gemeinsamen Thema existiert und ein Austausch stattfindet, »lebt« sie weiter.

Eine besondere Art von CoP sind Lern- und Expertennetzwerke. Das Lernen wird dabei in eine virtuelle Umgebung verlagert und durch entsprechende Funktionalitäten wie Aufgabenblätter, Lernzielkontrolle u.ä unterstützt. Die Mitgliedschaft kann hier offen, also jedem zugänglich, oder, ähnlich wie bei geläufigen Seminaren, nur nach Anmeldung möglich sein.

In Expertennetzwerken wird das vorhandene Wissen der Community-Mitglieder, das sich bereits auf hohem Niveau befindet, ergänzt, weiterentwickelt und/oder dokumentiert. Dies kann in den unterschiedlichsten Dimensionen stattfinden: abteilungsintern oder -übergreifend, unternehmens- oder sogar länderübergreifend.

Durch die Einbettung solcher Experten-Communities in die Wissensmanagementstrategie eines Unternehmens entsteht ein hervorragendes Instrument zur Steuerung von Wissensmanagement-Aktivitäten. Voraussetzung ist allerdings, dass die Freiwilligkeit, sowohl was die Teilnahme als auch was die inhaltliche Ausrichtung angeht, reduziert wird. Das bedeutet, die Mitarbeit in einer Community bleibt nicht mehr den Experten überlassen, sondern diese werden in die Communities delegiert. Zudem wird die Mitarbeit als Teil der regulären Arbeit anerkannt und über Zielvorgaben ist eine konsequente Ausrichtung an der Strategie gewährleistet.

40 Wie fördert Gamification die Motivation?

Unter Gamification (»Spielifizierung«) versteht man die Verbindung »ernster« Prozesse mit spielerischen Elementen, die die Anwendung der Prozesse und Nutzung der Inhalte für den Anwender attraktiver machen.

Spielen ist eine der ältesten und beliebtesten Beschäftigungen des Menschen. Im Spiel lernt der junge Mensch, der ältere regeneriert sich und lenkt sich von anderen Dingen ab. Spielen ist eine jahrtausendealte Tradition. Speziell in den letzten 30 Jahren bieten sich mit der Entwicklung des Computers immer umfangreichere und raffiniertere Möglichkeiten zu spielen. Als sich die PCs verbreiteten, tauchten sehr schnell auch die ersten Spiele dafür auf (darunter etwa das »Wurmspiel« oder »Pacman«).

War die Spielsucht einst im Wesentlichen auf den abgegrenzten Bereich des Glücksspiels beschränkt, so hat sich vor allem durch Computer das Spiel heutzutage zu einer flächendeckenden Beschäftigung entwickelt, der insbesondere junge Leute nachgehen. Die Grenzen zwischen Spaß und Sucht sind dabei fließend. Gamification nutzt den Spieltrieb des Menschen, um die Anwendung mitunter langweiliger oder aufwendiger Prozesse attraktiver zu machen. Die Hürden, diese teilweise ungeliebten Arbeiten durchzuführen, sinken, die Arbeit wird mit einem »Spaßfaktor« angereichert. Spiel ist auch oft mit Wettbewerb verbunden. Viele Spiele haben einen Wettbewerbscharacter, man misst sich mit anderen oder auch mit sich selbst. In den letzten Jahren begann man, auch Weiterbildung und berufliche Tätigkeiten mit spielerischen Elementen anzureichern und stellte fest, dass die Motivation, etwas überhaupt oder besonders gut zu tun, dadurch deutlich gefördert wurde. Einfache Möglichkeiten sind

⇨ das Sammeln von Punkten,
⇨ Ranglisten,
⇨ die Beobachtung des Fortschrittes,
⇨ die Anerkennung anderer (»Daumen hoch«),
⇨ das Verteilen von Sternen oder auch
⇨ die Prämierung besonders guter Leistungen.

Wissensinfrastrukturen

5. Kapitel

41 Was versteht man unter Wissensinfrastruktur?
42 Warum sind Infrastrukturen wichtig für das Wissensmanagement?
43 Welche Unterschiede gibt es zwischen physischer und virtueller Infrastruktur?
44 Gibt es Wissensdatenbanken?
45 Ist Wikipedia gelebtes Wissensmanagement?
46 Welche IT-Infrastruktur fördert Wissensmanagement?
47 Welche Rolle spielen die sozialen Medien im Wissensmanagement?
48 Ist die Corporate University der neue Lernort im Unternehmen?
49 Wie sehen zeitgemäße Lernräume aus?
50 Wie wird der Arbeitsplatz der Zukunft gestaltet sein?

41 Was versteht man unter Wissensinfrastruktur?

Als Wissensinfrastruktur bezeichnet man die Teile der Infrastruktur einer Organisation, die die Wissensgenerierung und den Wissenstransfer in der Organisation beeinflusst.

Der Begriff Infrastruktur leitet sich von den lateinischen Wörtern infra (unterhalb) und structura (Zusammenfügung) ab. Damit sind sowohl materielle als auch immaterielle Dinge in unserer Umgebung gemeint, die unsere Interaktion beeinflussen. Im gesellschaftlichen Bereich unterscheidet man zwischen technischen Infrastrukturen (z.b. Energieversorgung, Verkehrsinfrastruktur, Telekommunikationsnetze) und sozialer Infrastruktur (z.b. Bildungssystem, Dienstleistungen, kulturelle Einrichtungen, Wirtschaftsordnung). Als Wissensinfrastruktur bezeichnet man die Teile der Infrastruktur, die die Faktoren Wissen und Lernen beeinflussen. Dazu könnte man z.b. die Bundesdeutsche Hightech-Strategie (als Ordnungsrahmen), den Ausbau von Glasfasernetzen (als Instrument der Wissensvernetzung) oder Institutionen wie Bibliotheken und Hochschulen (als Ort der Wissensbewahrung und -generierung) zählen. Typische Wissensinfrastruktur-Elemente in Organisationen und Unternehmen sind z.B. Corporate Universities, Bibliotheken, fachliche Veranstaltungsformate, Intranet- und Kollaborationssysteme und Social Media Guidelines.

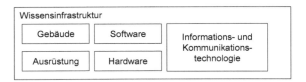

Abb. 5.1 Wissensinfrastruktur

42 Warum sind Infrastrukturen wichtig für das Wissensmanagement?

Wissen steckt zwischen den Ohren von Menschen und kann damit nicht direkt beeinflusst (»gemanaged«) werden. Die Gestaltung wissensfreundlicher Rahmenbedingungen ist somit das wichtigste Handlungsfeld.

Möchte man in einem Unternehmen z.B. erreichen, dass Erfahrungswissen aus einem Projekt dokumentiert wird, kann man dieses Wissen nicht einfach per »Daten-Schnittstelle« von allen beteiligten Mitarbeitern übertragen. Die Mitarbeiter entscheiden selbst, welches Wissen und wie viel davon sie per Kommunikation oder Dokumentation beisteuern. Für die Unterstützung von Wissenskommunikation und Wissensdokumentation stehen unterschiedlichen Methoden und Werkzeuge zur Verfügung:

⇨ **Wissenskommunikation**, z.B.
- wissensorientierte Veranstaltungsformate,
- Besprechungen,
- soziales Netzwerk,
- Microblog,
- Video- und Webkonferenz.

⇨ **Wissensdokumentation**, z.B.
- Intranet,
- Dateisystem,
- Dokumenten-Management-System (DMS),
- Wiki,
- Weblog,
- Multimedia-Portale (z.B. YouTube).

Der einzige Ansatzpunkt ist hier die sog. Kontextsteuerung über die Gestaltung von Rahmenbedingungen und Infrastrukturen. In dem oben genannten Beispiel könnte dies z.B. über folgende Maßnahmen erfolgen: Bei Projekten einer gewissen Kritikalität werden Lessons-Workshops verbindlich eingeführt. Für die Vorbereitung und Teilnahme an den Workshops wird den Projektbeteiligten ausreichend Zeit zur Verfügung gestellt. Ein ausgebildeter Moderator begleitet den Workshop, um möglichst schnell ein gutes Ergebnis zu erreichen. Nach Abschluss des Workshops werden die Ergebnisse offen in der Organisation geteilt, um das erlangte Wissen vielen Interessenten zur Verfügung zu stellen.

43 Welche Unterschiede gibt es zwischen physischer und virtueller Infrastruktur?

Physische Infrastruktur ist ortsgebunden und kann nur bei persönlicher Präsenz am selben Ort verwendet werden. Diese Bindung besteht bei virtueller Infrastruktur nicht, wenngleich sie neben diesem Vorteil auch Nachteile mit sich bringt.

Der Unterschied zwischen physischer und virtueller Infrastruktur in Unternehmen kann am besten anhand eines Beispiels erläutert werden. Etabliert ein Unternehmen beispielsweise eine Bibliothek mit angeschlossenen Studienräumen und Cafeteria, so ist das für die interaktiven Lernprozesse der Mitarbeiter am Standort optimal. Als haptisches Wesen fühlt sich der Mensch durch eine entsprechende Architektur, Möbel und Ausstattung des Lernorts sofort motiviert zu handeln. Durch die persönliche Anwesenheit und das zufällige Zusammentreffen mit Gleichgesinnten (Serendipity-Effekt) ensteht ein Lernkontext, der für Mitarbeiter sehr natürlich ist. Problematisch wird es hingegen, wenn ein Unternehmen auf viele Standorte verteilt ist. Dann ist eine geteilte physische Infrastruktur und persönliche Interaktion nicht mehr so einfach möglich. Hier spielen virtuelle Infrastrukturen ihre Stärken aus. Über soziale Netzwerke wie beispielsweise Xing oder LinkedIn können sich Lernende vernetzen und austauschen, ohne zur gleichen Zeit am selben Ort sein zu müssen. Dafür ist die Interaktion rein virtuell, nonverbale Kommunikation entfällt völlig. Im Unternehmen kommen hier z.B. Plattformen wie Jive, SharePoint, Office 365, Confluence oder Connections zum Einsatz.

In der Praxis sind i.d.R. hybride Ansätze ein geeigneter Kompromiss, z.B. Wissensgemeinschaften, die sich ein- bis zweimal im Jahr persönlich treffen und sich sonst über eine virtuelle Plattform austauschen. Das hat den Vorteil, dass über den physischen Kontakt Vertrauen entstehen und die Interaktion dann in der virtuellen Infrastruktur fortgeführt werden kann.

44 Gibt es Wissensdatenbanken?

Wissen kann nicht in Datenbanken gespeichert werden. Die sog. Wissensdatenbank ist ein »Relikt« aus der Frühzeit des Wissensmanagements. Damit sind IT-Systeme gemeint, in denen Informationen zu einem definierten Themengebiet in vorgegebenen Strukturen abgespeichert werden. Ein Beispiel wäre ein Unterstützungssystem in einer IT-Hotline, in dem Lösungen zu Problemen dokumentiert werden, die häufig bei Nutzern auftreten. Über die Abfrage von Problemparametern (z.B. Softwareversion), kombiniert mit einer Volltextsuche, versucht die Hotline, den Problemlösungsraum einzugrenzen und die richtige Lösung zu finden. Diese Ansätze funktionieren allerdings nicht bei komplexen Wissensdomänen, bei denen sich das notwendige Wissen nicht formularartig beschreiben lässt. Eine weitere Voraussetzung für das Funktionieren einer Wissensdatenbank ist, dass das hier hinterlegte Wissen zumindest eine mittlere »Halbwertszeit« hat, die den Aufwand für den Aufbau einer solchen Datenbank rechtfertigt. In der Praxis empfiehlt es sich, bei solchen Ansätzen von »Datenbanken« oder »Informationssystemen« zu sprechen, um nicht in den Köpfen der Mitarbeiter die Gleichsetzung von Wissensmanagement und Wissensdatenbank hervorzurufen.

Kapitel 5

Abb. 5.2: Wissensdatenbank vs. Wikipedia

45 Ist Wikipedia gelebtes Wissensmanagement?

Wikipedia ist ein Projekt zur gemeinsamen Erstellung eines Lexikons. Zum ganzheitlichen Wissensmanagement fehlen jedoch Prozesse der Zielfindung und Planung. Mit Wikipedia ging auch in der Wissensmanagement-Szene eine gewisse Faszination einher. Scheinbar nur durch die Bereitstellung einer Plattform wurde in einem knappen Jahrzehnt ein Lexikon geschaffen, das in diesem Markt etablierten Unternehmen große Schwierigkeiten bereitet. Viele Freiwillige tragen unter Einsatz beträchtlicher Ressourcen ihr eigenes Wissen bei. Die Vision des Wikipedia-Gründers Jimmy Wales ist, das gesamte Weltwissen zu dokumentieren und allen Menschen weltweit zur Verfügung zu stellen. Dabei gibt es eine grundsätzliche Einschränkung. In lexikalischen Ansätzen wird prinzipiell nur deklaratives Wissen (Zahlen, Daten, Fakten) erfasst. Da prozedurales Wissen (Know-how) und Erfahrungswissen der Dokumentation nur sehr schwer zugänglich sind, sind diese Wissensarten meist ausgeblendet (über Wikipedia kann z.B. niemand das Fahradfahren lernen). Trotzdem wohnen dem Wikipedia-Projekt viele Grundprinzipien inne (Zusammenarbeit, Offenheit, Transparenz), die durchaus auf das Wissensmanagement als Ganzes übertragen werden können. Eine weitere Lektion lässt sich aus der Wikipedia-Geschichte lernen. Der Wikipedia-Vorläufer NuPedia wurde nach dem wissenschaftlichen Peer-Review-Verfahren erstellt, um Qualitätssicherung zu gewährleisten. Der Zuwachs von Inhalten war dabei aber viel zu klein. Aus der Öffnung des Ansatzes über Wikipedia lässt sich lernen, dass man den Nutzern vertrauen kann und dass nach der Öffnung sehr viel guter Inhalt entsteht und gleichzeitig sehr wenig Missbrauch geschieht.

46 Welche IT-Infrastruktur fördert Wissensmanagement?

Das Wissensmanagement kann durch die Infrastruktur gefördert werden, die die strategische Planung, die Wissenskommunikation und die Wissensdokumentation unterstützt.

Wissensmanagement hat seine Bekanntheit Mitte bis Ende der 1990er-Jahre erlangt. Daher sind viele IT-Anwendungen, die im Kontext von e-Business- oder Dot-Com-Initiativen Verwendung fanden, eng mit dem klassischen Wissensmanagement verbunden. In der einschlägigen Literatur werden beispielsweise Portal-Software, Groupware, Content-Management-Systeme, Dokumenten-Management-Systeme und E-Learning-System genannt. Drei Bereiche werden von diesen Sichtweisen aber nicht ausreichend bedacht. Da ist zum einen die Software, die Wissensarbeiter selber für ihre Wissensarbeit/-dokumentation/-kommunikation einsetzen. Dazu gehören beispielsweise Office-Software (Word, LibreOffice), Präsentationssoftware (PowerPoint, Keynote, Prezi), Konferenzsoftware (Skype, Lync, Sametime, Google Hangout), Personal Information Management-Systeme (Outlook, Firebird, Lotus Notes) und Multimediasoftware (Screencast, Podcast, Video). Ein weiterer Bereich ist das sog. Cognitive Computing, also Hard- und Software zur Erledigung kognitiver Aufgaben, die bisher Menschen vorbehalten waren (z.B. IBM Watson). Der dritte in der klassischen Literatur fehlende Bereich ist die soziale Software, die sich in den Organisationen seit Mitte 2000 verbreitet.

Abb. 5.3: Anwendungen und Systeme für das Wissensmanagement [15]

47 Welche Rolle spielen die sozialen Medien im Wissensmanagement?

Soziale Medien stellen eine Ergänzung der Möglichkeiten in der technischen Infrastruktur dar. Vorteil sozialer Medien ist, dass sie viele für ein funktionierendes Wissensmanagement erforderliche Werte und Prinzipien verkörpern (z.b. die Offenheit in einem Wiki, alle Seiten bearbeiten zu können).

Aktuell wird rund um soziale Medien ein ähnlicher Hype gemacht wie um die Jahrtausendwende um Portale und CMS-/DMS-Systeme. Beispiele für Begriffe, die hierbei verwendet werden, sind Enterprise 2.0, Web 2.0, Social Collaboration und Social Business. Diesen Ansätzen ist gemein, dass im Kern der Einsatz sozialer Software in der Organisation steht, um die Ziele der Organisation (z.B. Effizienz, Innovation) besser zu erreichen. Bisher gab es im Bereich Enterprise 2.0 drei große Wellen:

⇨ die erste Welle rund um Weblogs im Unternehmensumfeld (2004/2005),
⇨ die zweite Welle rund um Wikis und Wiki-Farmen (2007/2008) und
⇨ die dritte Welle rund um die sozialen Netzwerke (2010/2011).

Aktuell ist ein weiterer Trend rund um Multimedia-Plattformen (z.B. YouTube, Soundcloud) zu verzeichnen. Richtig verwendet, fördern soziale Medien Offenheit, Transparenz und Partizipation und können somit eine Kulturveränderung »über Bande« hervorrufen.

Bekannte Beispiele zum Einsatz sozialer Software im Unternehmen:

⇨ Siemens Technoweb (Liveray), Wikisphere (Confluence), Blogosphere (twoday) und Siemens Social Network (Socialcast)
⇨ Schaeffler Wiki (Mediawiki)
⇨ Bosch Connect (Connections)
⇨ Continental ConNext (Connections) und ContiPedia (Mediawiki)
⇨ adidas a-Live (SharePoint)
⇨ Audi wikinet (Confluence) und soziales Intranet (Jive, SharePoint, Vimp)
⇨ Fraport Skywiki (Mediawiki)
⇨ Pfizerpedia bei Pfizer (Mediawiki)
⇨ Telekom Social Network (Jive)

48 Ist die Corporate University der neue Lernort im Unternehmen?

Corporate Universities als Orte des organisationalen Lernens werden in Zukunft eine wichtige Rolle spielen. Wichtiger ist aber, jeden Ort des Unternehmens als potenziellen Lernort zu begreifen.

Mitte der 1990er-Jahre gab es einen großen Trend zu sog. Corporate Universities (z.B. General Electric Crotonville). Eine Corporate University ist die Übertragung der Universitätsidee auf ein Unternehmen. Es handelt sich also um eine physische Lokation, die als Ort der Wissensgenerierung, -bewahrung und -vermittlung fungiert (Forschung und Lehre). Die Ansätze reichten von reiner Qualifikation für Arbeitsaufgaben (Performance Support) bis hin zu Führungskräfte-Entwicklung und Strategiebildung. Corporate Universities sind ein wichtiges Element, um über die physische Infrastruktur die Wichtigkeit von Wissen und Lernen sichtbar zu machen. Doch ebenso wie man für das Leben nicht nur in der Schule lernt, findet auch nicht alles für die Organisation wichtige Lernen in einer Corporate University statt. Idealerweise muss also jeder Ort in der Organisation (inkl. externe Orte bei Kunden, Lieferanten und Partnern) als Lernort begriffen werden. Nachdem es bei den Neugründungen von Corporate Universities zu Beginn des 21. Jahrhunderts einen Rückgang gab, ist aktuell wieder ein Anstieg zu verzeichnen. Prominentes Beispiel ist der adidas Learning Campus, der neben formellen Lernmethoden auch informelle Methoden fördert und das Lernen im Klassenraum mit dem Lernen über soziale Medien verbindet. Die Vision dort ist:»Our Learning Vision is to transform the adidas Group into a true learning organisation, with sustainable learning as a competitive advantage«. [16]

49 Wie sehen zeitgemäße Lernräume aus?

Den standardisierten, idealen Lernraum gibt es nicht. Je nach Wissensarbeiter-Typus und unternehmensspezifischem Kontext müssen Lernräume individuell gestaltet werden.

In der Vergangenheit wurden Lernräume in Unternehmen und Organisationen stark an das Vorbild der Schule oder Hochschule angelehnt. Seminarräume sind oft nach dem Vorbild des Frontalunterrichts – mit Trainer im Vordergrund und Tischreihen mit den Lernenden – aufgebaut. Außerdem sind »Lernorte« i.d.R. von den »Arbeitsorten« abgegrenzt. Ein Mitarbeiter arbeitet beispielsweise in einem Einzel- oder Großraumbüro. Zum Lernen in Form von Kursen und Weiterbildungen geht er dann in ein internes Weiterbildungszentrum oder ein externes Seminarhotel. Hier stellen sich mehrere Herausforderungen. Zum einen müssen alle Orte in der Organisation als Lernorte begriffen werden. Das kann z.B. in Form informeller Lernorte geschehen, die in Bereiche oder Abteilungen integriert sind. Zum anderen müssen neben dem Frontalunterricht innovative Lehr- und Lernformate Einzug in die Unternehmen halten, um dem gestiegenen Lernbedarf Rechnung zu tragen (Social Learning, Action Learning, MOOCs, Flipped Classroom etc.). Neben der bisher bestehenden Vortragsbestuhlung braucht es hierfür zunehmend Freiflächen und flexibel umgestaltbare Lernorte. Auch hier kann wieder der adidas Learning Campus als Beispiel gewählt werden, der neben formalen Trainingsräumen mit Orten wie »The Shed« auch das informelle Lernen und das Lernen in Communities of Practice unterstützt.

Abb. 5.4: Beispiel: der adidas group learning campus [17]

50 Wie wird der Arbeitsplatz der Zukunft gestaltet sein?

Ähnlich wie für die Lernorte lässt sich auch für den Arbeitsplatz der Zukunft keine universell gültige Prognose aufstellen. Für viele Wissensarbeiter wird der Arbeitsplatz der Zukunft jedenfalls nicht mehr geografisch gebunden, sondern mobil sein. Der Übergang von der Agrar- zur Industriegesellschaft führte für viele Menschen zu einem radikalen Wandel des Arbeitsplatzes. Arbeitete man in der Agrargesellschaft noch überwiegend auf dem heimischen Hof, führte die Industrialisierung zur Verlagerung des Arbeitsplatzes in die Fabrik. Durch die wissenschaftliche Betrachtung und Optimierung von Unternehmen – wie beispielsweise durch den US-amerikanischen Ingenieur und Mitbegründer der Arbeitswissenschaft Frederick W. Taylor – ergab sich in den Unternehmen die Trennung in Arbeiter an den Maschinen (blue collar worker) einerseits und das Management/Administration in den Büros (white collar worker) andererseits. Diese Aufteilung ist bis heute weitestgehend erhalten geblieben. Für die Arbeit in der Produktion wird sich am Arbeitsort kein große Veränderung ergeben, da die Tätigkeiten weitestgehend an das Werksgelände gekoppelt sind. Für administrative Tätigkeiten, zu denen auch das Management gehört, sehen die Rahmenbedingungen anders aus. Durch den Trend der Digitalisierung und die Verfügbarkeit von Anwendungen zur virtuellen Zusammenarbeit entfällt die Notwendigkeit, Tätigkeiten immer am gleichen Ort auszuführen. Verstärkt wird dies durch den Anstieg der Projektarbeit, bei der Personen nicht mehr dauerhaft in einer Organisation tätig sind, sondern nur noch projektweise. Diese Trends werden dazu führen, dass Arbeit zunehmend an verschiedenen Orten erledigt wird (im Büro, zu Hause, im Café, im Coworking-Space). Mobile Endgeräte wie Notebooks, Tablets und Smartphones werden sich dabei zum virtuellen Schreibtisch entwickeln, der den Wissensarbeiter an diese Orte begleitet.

Wissensmanagement in Projekten

6. Kapitel

51 Was hat Wissensmanagement mit Projekten zu tun?
52 Ist Wissensmanagement in der Projektarbeit überhaupt nötig?
53 Was macht projektorientiertes Wissensmanagement erfolgreich?
54 Eignet sich Wissensmanagement für jedes Projekt?
55 Welche Folgen hat die Nutzung des Wissensmanagements im Projekt?
56 Lässt sich Wissen von einem auf ein anderes Projekt übertragen?
57 Welche Wissensmanagement-Akteure und -Rollen braucht man in Projekten?
58 Gibt es Erfolg versprechende Wissensmanagement-Methoden und -Hilfsmittel in der Projektarbeit?
59 Wie führt man Wissensmanagement in ein Projekt ein?
60 Welche Hindernisse kann es bei der Einführung geben?

51 Was hat Wissensmanagement mit Projekten zu tun?

Projekte haben ein klar definiertes Ziel, sind zeitlich begrenzt und sind (üblicherweise) nicht wiederholbar. Je nach Größe und Dauer eines Projektes gilt es, eine enorme Menge des richtigen Fach- und Prozesswissen, das bei den verschiedenen Beteiligten liegt, zusammenzuführen und über die Projektlaufzeit zu bewahren, um das Projektziel erfolgreich zu erreichen. In einem Projekt kann üblicherweise auch nur auf eine begrenzte Anzahl von Routinen zurückgegriffen werden. Werden ähnliche Projekte innerhalb einer Firma durchgeführt, so gibt es dabei häufig zumindest einheitliche Prozesse, Richtlinien und Tools. Sobald Projekte aber durch mehrere Firmen gemeinsam umzusetzen sind, gestaltet sich der Prozess komplizierter. Verschiedene Firmenkulturen, ein unterschiedliches Verständnis von Begriffen, eventuell verschiedene Normen und ebenso diverse Prozesse und Richtlinien, die von den einzelnen beteiligten Firmen eingehalten werden sollen, sind zielgerichtet miteinander zu verbinden. Viele Aufgaben müssen also durch eine Kombination des Wissens vieler Beteiligter abgearbeitet werden. Deshalb müssen frühzeitig gemeinsam abgestimmte Methoden eingeführt werden, um das Projekt zu managen.

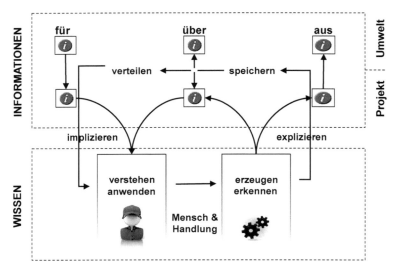

Abb. 6.1: »Modell Projektwissen« der Fachgruppe Wissensmanagement der GPM

52 Ist Wissensmanagement in der Projektarbeit überhaupt nötig?

Wissensmanagement ist in der Projektarbeit aus zwei wesentlichen Gründen notwendig: einerseits wegen der häufig knapp bemessenen Projektlaufzeit und andererseits wegen der Nachvollziehbarkeit.

⇨ Die Zeit zur Durchführung der meisten Projekte ist knapp bemessen. Verzögerungen können zu hohen Mehrkosten führen. Typischerweise bemerkt man dies am Anfang nicht immer in vollem Ausmaß. Wenn es zu Verzögerungen kommt, so liegt die Grundursache sehr häufig darin, dass die Beteiligten ihre jeweiligen Handlungsweisen, Notwendigkeiten und die Abhängigkeiten unter- und voneinander nicht früh genug verstanden haben. Je früher diese Schnittstellen geklärt werden und festgelegt wird, wie vorzugehen ist, desto größer sind die Chancen, das Projekt erfolgreich zu beenden. Die Herstellung und Niederlegung dieser gemeinsamen Wissensbasis mag zwar zunächst zu kleinen, oft nicht berücksichtigten Verzögerungen führen, verhindert aber später viel größere Zeitverzüge.

⇨ In Projekten ist es sehr sinnvoll und oft auch vorgeschrieben, nicht nur die Arbeitsergebnisse festzuhalten, sondern auch nachvollziehbar zu machen, wie und warum man zu diesen Ergebnissen gelangt ist. Dies kann bei späteren Änderungen, der Bereinigung von Fehlern oder Klärungen entstandener Ansprüche von ausschlaggebender Bedeutung sein. Wichtig ist also die Konservierung des entstandenen Wissens nach gemeinsam sinnvoll festgelegten Prinzipien, da nach Ende des Projektes die Teams üblicherweise auseinanderlaufen und es deshalb nicht mehr möglich sein wird, Dinge so zurückzuverfolgen, wie es vielleicht wünschenswert wäre. Man sollte beispielsweise nicht nur die ausgehandelten Vertragstexte festhalten, sondern auch Überlegungen und Notizen, wie man zu bestimmten Festlegungen gekommen ist. So können spätere umfangreiche und oft sehr teure juristische Klärungen verhindert oder zumindest verkürzt werden.

Kapitel 6

53 Was macht projektorientiertes Wissensmanagement erfolgreich?

Bei der erfolgreichen Umsetzung eines projektorientierten Wissensmanagements spielen viele Faktoren eine Rolle. Übergreifend ist von höchster Bedeutung, dass alle Beteiligten ein gemeinsames Verständnis des Projektes entwickeln, sich über die Bereitstellung von Informationen, notwendige Wissensflüsse, die Kommunikationswege und die Vernetzung einig sind.

Dies gilt für interne, aber auch für externe Projektbeteiligte (wie Konsortialpartner, Lieferanten, Consultants, Behörden etc.) und idealerweise auch für den Kunden. Nicht immer ist bei Projektvergabe allen in die Umsetzung Involvierten wirklich klar, was die Projektziele sind und wie sie erreicht werden sollen. Zur Klärung all dieser Fragen ist ein Projektstart-Workshop ideal, der am besten von einer erfahrenen, neutralen Person moderiert wird. Diese ist in der Regel in der Lage, die richtigen Fragen zu stellen, um möglichst wenige Lücken offenzulassen. Je früher diese gemeinsame Klärung erfolgt, desto besser. Der Aufwand hierfür steht in keiner Relation zu den möglichen negativen Folgen, die sich ansonsten später ergeben können. Eine Auswahl der wichtigsten Faktoren, um Wissen und Wissensfluss im Projekt effizient zu machen, zeigt folgende Tabelle:

Faktor	Umsetzung	Vorteil	Bedeutung
Gemeinsames Verständnis des Projektes bei allen Beteiligten	Gemeinsamer, am besten professionell moderierter Start-Workshop	Persönliches Kennenlernen und gemeinsame Erarbeitung wichtiger Themen	sehr wichtig
Frühzeitige Einigung auf gemeinsame Standards	Darstellung, Abwägung und gemeinsame Festlegung der Alternativen	Alle Beteiligten arbeiten von Beginn an mit den gleichen Standards	sehr wichtig
Unterstützung der Vorgehensweise durch das Firmen-Management	Frühzeitige Sensibilisierung und Genehmigung der Vorgehensweise	Sicherheit, dass Festlegungen für das Projekt auch Bestand haben	sehr wichtig
Rechtzeitige Verfügbarkeit der notwendigen Prozesse, Tools etc. für alle Beteiligten	Zurverfügungstellung aller Elemente an einer zentralen Stelle	Jeder weiß, wo er die notwendige Information findet	wichtig
Klarheit über die verwendeten Begrifflichkeiten	Gemeinsame Definition wichtiger Begriffe im Projekt	Ausschließen von Missverständnissen	wichtig

Abb. 6.2: Erfolgsfaktoren für Wissensmanagement im Projektgeschäft

54 Eignet sich Wissensmanagement für jedes Projekt?

Wissensmanagement ist für alle Arten von Projekten einsetzbar. Dies sind im Wesentlichen Investitions-, Organisations-, F & E- sowie Software-Projekte.

Bei den Investitionsprojekten geht es darum, bereits bekanntes Wissen aus ähnlichen Projekten verfügbar zu machen. Dies wird häufig nicht in wünschenswertem Maße beherzigt. Das liegt zum einen daran, dass gemachte Erfahrungen nicht reproduzierbar festgehalten werden, Erfahrungsträger das Unternehmen verlassen, ohne ihr Wissen zu hinterlassen, oder, dass bei Vorhandensein des notwendigen Wissens aufgrund vermeintlichen Zeitdrucks Quellen nicht adäquat ausgeschöpft werden. Häufig mangelt es auch an der Bereitschaft, externes Wissen, das nicht aus dem Projekt stammt, zu akzeptieren (»not invented here«).

Bei Organisations-, F & E- und Software-Projekten ist die Wiederholbarkeit gemachter Erfahrungen schwieriger. Hier geht es darum, Menschen mit verschiedenartigen Wissenshintergründen zusammenzubringen, um sich Klarheit über Erfolg versprechende Realisierungswege zu verschaffen. Bei großen oder lang andauernden Projekten sollte man über einen eigenen Projekt-Wissensmanager nachdenken.

Projektart	extern / intern	Beispiele	Nutzen des Wissensmanagements
Investitionsprojekt	extern & intern	Bauprojekt, Anlagenprojekt, Kraftwerk, Flughafen, Bahnhof, Schiff, Großmaschinen	Rechtzeitige Übernahme der Erfahrungen aus ähnlichen Projekten, Vermeidung von Fehlleistungskosten
Organisationsprojekt	vorwiegend intern	Reorganisation, Re-Engineering, Outsourcing, Rationalisierung, Firmenintegration	Rechtzeitige Übernahme der Erfahrungen aus ähnlichen Projekten, Kombination des Wissens von Erfahrungsträgern mit verschiedenem Hintergrund, klarere Zieldefinition, klarere Einschätzung der Machbarkeit
F&E-Projekt	vorwiegend intern	neue Produkte, neue Prozesse, Weiterentwicklungen	Schnelle Kombination des Wissens von Erfahrungsträgern mit verschiedenem Hintergrund, schnelle Korrekturen, agile Methoden
Softwareprojekt	extern & intern	neue Software	Rechtzeitige Übernahme der Erfahrungen aus ähnlichen Projekten, schnelle Kombination des Wissens verschiedener Erfahrungsträger, agile Methoden

Abb. 6.3: Einsatzmöglichkeiten von Wissensmanagement bei Projektarten

55 Welche Folgen hat die Nutzung des Wissensmanagements im Projekt?

Wird Wissensmanagement aktiv in Projekten angewandt, so ergibt sich eine Vielzahl von Vorteilen wie Fehlervermeidung, klare Ausrichtung, Lernkreislauf und eine verbesserte Fehlerkultur.

⇨ Durch die Vermeidung bereits früher gemachter Fehler werden oft hohe Fehlleistungskosten vermieden.

⇨ Eine von Anfang an klarere Ausrichtung auf realisierbare Ziele und Zwischenschritte führt zu kürzeren Umsetzungszeiten. Dies ist speziell relevant bei Organisations- und F & E-Projekten, die oft nicht die gleiche Reproduzierbarkeit haben wie z.b. Investitionsprojekte. Häufig kann diese Beschleunigung über Erfolg oder Nichterfolg einer Entwicklung oder Umorganisation entscheiden.

⇨ Die Berücksichtigung bereits gemachter Erfahrungen sowie des Wissens der Mitarbeiter führt dazu, dass ein Lernkreislauf in Bewegung gesetzt wird und sich außerdem die Beteiligten und ihr Wissen einer hohen Wertschätzung erfreuen. Dies wiederum führt üblicherweise zu höherem Engagement der Mitarbeiter und zu einer offeneren Unternehmenskultur.

⇨ Sobald ein solcher Lernkreislauf in Bewegung gesetzt wird, werden die Mitarbeiter von selbst, auch über die Projektgrenzen hinweg, stärker miteinander kommunizieren und so das Firmenwissen insgesamt steigern.

Wird in Unternehmen eine offene Fehlerkultur gepflegt und werden Fehler als Chance begriffen, zu lernen und es beim nächsten Mal besser zu machen, so tritt ein positiver Effekt noch deutlicher hervor. Die Mitarbeiter trauen sich, Fehler zu identifizieren und Möglichkeiten zu suchen, sie später zu vermeiden. Wird jedoch nach der Devise gehandelt: »Wer Fehler macht oder zugibt oder auch nur Überbringer schlechter Nachrichten und aufgetretener Fehler ist, wird bestraft«, leben die Projektmitarbeiter in Angst. Infolgedessen nehmen die Projekterfolge eher ab als zu.

56 Lässt sich Wissen von einem auf ein anderes Projekt übertragen?

Mit den richtigen Maßnahmen lässt sich Wissen von einem auf ein anderes Projekt übertragen. Diese Wissensübertragung kann über Personen oder Medien/Dokumentationen erfolgen.

⇨ Bei der direkten Wissensübertragung befinden sich entweder im Projektteam Personen, die vorher in einem ähnlichen Projekt entsprechende Erfahrungen gemacht haben und diese dem neuen Projekt zur Verfügung stellen. Oder Mitarbeiter des neuen Projekts kennen solche Personen aus anderen Projekten und nehmen zwecks Erfahrunsaustausch Kontakt mit ihnen auf.

⇨ Bei der indirekten Wissensübertragung sind Aufzeichnungen zur weiteren Nutzung vorhanden, die entweder Inhalte transportieren (meist Lessons Learned) oder auf Personen verweisen, die zu bestimmten Themen Erfahrungen haben (oft Mitarbeiterprofile).

Häufig ergeben sich Mischformen, bei denen z.B. über eine Datenbank eine Person, etwa der Ersteller einer bestimmten Lesson Learned, gefunden wird, die dann im Detail befragt werden kann. Als sehr effizient hat sich folgende Vorgehensweise erwiesen: Zu einem Projektstart-Workshop werden eine oder mehrere Personen aus ähnlichen laufenden oder abgeschlossenen Projekten eingeladen. Diese Personen können ihre Erfahrungen aus erster Hand berichten. So ergibt sich häufig auch eine länger andauernde Zusammenarbeit, die für beide Projekte sehr fruchtbar sein kann.

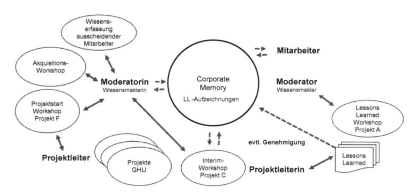

Abb. 6.4: Wissensübertragung zwischen Projekten mithilfe einer Plattform

57 Welche Wissensmanagement-Akteure und -Rollen braucht man in Projekten?

Im Wissensmanagement für Projekte spielen Akteure im Projektmanagement-Office (PMO) und im einzelnen Projekt selbst eine wichtige Rolle. Bei großen Projekten kann auch ein eigener Wissensmanagement-Verantwortlicher sinnvoll sein.

Im PMO sollte es einen Koordinator geben, der die Projekte hinsichtlich des Wissensaustausches und -managements berät. Vorzugsweise ist diese Person auch in der Moderation geschult, bringt also die verschiedenen Projekte und ihre Teams nicht nur zusammen, sondern nimmt auch an deren Workshops aktiv teil. So erhält er automatisch einen guten Überblick über die Aktivitäten der verschiedenen Projekte. Ebenso sollte er Erfahrung in der Nutzung der Methoden und Tools haben. Ist ein solcher Allrounder nicht verfügbar, so ergeben sich entsprechend zwei verschiedene Rollen. Kommunikationsstark müssen beide Rollen sein.

Für das einzelne Projekt ist es empfehlenswert, eine Person zu benennen, die zusätzlich zu ihrer normalen Aufgabe im Projekt den Kontakt zu anderen Projekten aufrechterhält und außerdem den Projektleiter dabei unterstützt, wichtige Informationen innerhalb des Projektes bekannt zu machen. Dies trifft umso mehr zu, je mehr Standorte und Beteiligte das Projekt hat. Diese Person sollte auch mit dem Koordinator im PMO engen Kontakt halten und immer wieder prüfen, ob es aus anderen Projekten eventuell aktuelle und interessante Informationen gibt, die auch für das eigene Projekt Relevanz haben. Ebenso trägt sie dafür Sorge, dass wichtige und für andere Projekte möglicherweise interessante Informationen aus ihrem Projekt direkt über den Koordinator im PMO oder über vorhandene Tools weitergegeben werden.

Wichtig für beide Akteure (im PMO und im Projekt) ist, aktiv Kontakt zu allen Projektbeteiligten zu suchen, sie kennenzulernen, regelmäßig mit ihnen zu kommunizieren und sie zum Austausch zu bewegen.

58 Gibt es Erfolg versprechende Wissensmanagement-Methoden und -Hilfsmittel in der Projektarbeit?

Es gibt eine nicht unbeachtliche Zahl an bewährten und Erfolg versprechenden Möglichkeiten, Wissensmanagement in der Projektarbeit einzusetzen. Eine Schlüsselrolle spielen Projektstart-Workshops, aber auch z.b. Lessons Learned sowie Projekt-Blogs.

Eine Übersicht findet sich in Abb. 6.4. Idealerweise ist ein PMO (Project Management Office) auch hinsichtlich des Wissensaustauschs Drehscheibe der Projekte. Ein PMO unterstützt mit verschiedenen Methoden und Hilfsmitteln die Projekte und stellt Kontakte zwischen ihnen her.

Eine bewährte Methode, Wissen in Projekten zu erzeugen und zwischen Projekten auszutauschen ist die Durchführung von regelmäßigen Workshops, beginnend mit einem Projektstart-Workshop, weiteren Workshops während der Projektlaufzeit (bei langen Laufzeiten ist alle 12 bis 18 Monate ein solcher Workshop zu empfehlen) sowie einem Abschlussworkshop mit dem Schwerpunkt Lessons Learned. Die Effizienz solcher Workshops wird durch eine neutrale Moderation deutlich erhöht. Aufgrund ihrer Erfahrung helfen geschulte Moderatoren, problematische Themen anzusprechen und aufzubereiten. Ebenso sind sie wichtige Multiplikatoren für das Projektwissen. Sehr bewährt hat sich auch das Verfahren, den Projektleiter eines ähnlichen Projektes zu einem Workshop einzuladen. Dieser kann dann aus seinem Erfahrungshintergrund heraus ganz konkrete Empfehlungen geben.

Neben den Methoden, die persönlich übermittelt werden, gibt es heute auch IT-Hilfsmittel, mit denen man Wissen weltweit verfügbar machen kann. Die strukturierte Erfassung und Hinterlegung von Lessons Learned mit einfachen Suchfunktionen und z.B. der Möglichkeit, die Qualität der Einträge zu prüfen und später durch die Nutzer bewerten zu lassen, ist eine leicht umsetzbare Option. Die Nutzung umfangreicherer Plattformen zur Zusammenarbeit (auch Firmen-Wikis) ermöglicht nicht nur ein zentrales Arbeiten auch weit voneinander entfernter Personen am Projekt, sie ersetzt zudem einen Teil des E-Mail-Verkehrs und erlaubt es, schnell auf Inhalte zuzugreifen und/oder passende Ansprechpartner zu finden. So lassen sich z.B. auch CoPs (Communities of Projects) sehr gut unterstützen.

Kapitel 6

59 Wie führt man Wissensmanagement in ein Projekt ein?

Die Einführung von Wissensmanagement in ein Projekt erfolgt entweder durch festgelegte Routinen des PMO (Project Management Office), des Unternehmens oder individuell im einzelnen Projekt.

Dies geschieht u.a. über Regelbesprechungen, Workshops, gemeinsame Unternehmungen, organisierten Austausch zwischen Projekten und wissensrelevanten Projektrollen. Im Folgenden stehen mögliche Tools im Fokus. In jedem Fall empfiehlt es sich, zu einem sehr frühen Stadium des Projektes (am besten bereits in der Initialisierungsphase / im Angebotsstadium) damit zu beginnen, die Tools festzulegen, mit denen das Projekt abgewickelt werden soll. Dann ist zu prüfen, welches der eingesetzten Tools bereits Funktionen zur Zusammenarbeit beinhaltet (z.B. Sharepoint, Dokumentenmanagement-Systeme, spezielle Social-Media-Programme, Firmen-Wikis) und wie man damit den Wissensaustausch sinnvoll gestalten kann. Ideal ist ein Beginn in der Angebotsphase, um Probleme an wichtigen Schnittstellen zu reduzieren (evtl. Übergabe vom Angebots- zum Abwicklungsteam), spätestens aber bei Projektstart. Der Projektvertrag mit dem Kunden und/oder Verträge mit Lieferanten bieten sich als Einstiegsobjekte an, da man hier leicht Zusatz- und Hintergrundinformationen hinterlegen und austauschen kann, die für alle Projektbeteiligten relevant sind. Weitere frühzeitige Einsatzmöglichkeiten der o.g. Tools sind Risiko-/Chancen-, Änderungs-, Claim-, Anforderungs- und Dokumentenmanagement. Sind ein oder zwei dieser Punkte erst einmal bearbeitet und funktionsfähig, so entsteht meist automatisch der Wunsch, noch weitere Themen aufzunehmen.

Abb. 6.5: Beispiel: Einführung moderner Kollaborationssoftware im Projekt

60 Welche Hindernisse kann es bei der Einführung geben?

Hindernisse bei der Einführung können firmeninterner, aber auch externer Natur sein. Ein wesentlicher Erfolgsfaktor ist, sich mit allen Beteiligten auf einheitliche Maßnahmen zu einigen.

Falls es für das Wissensmanagement innerhalb der Firma keine generellen Regelungen, Methoden und Tools gibt, kann es für das einzelne Projekt schwierig werden, die Ressourcen für ein Konzept und die Einführung vorzuhalten. Dies kann den Projektstart negativ beeinflussen. Weiterhin kann es sein, dass sich nicht alle Projektmitarbeiter an allen Standorten schnell genug auf die Erfordernisse des neuen Projekts einlassen.

Externe Hindernisse können entstehen, wenn Kunden, (Konsortial-)partner, Lieferanten, Behörden und andere Stakeholder eingebunden werden sollen. Will man vermeiden, dass bestimmte Arbeiten in verschiedenen Systemen parallel geführt werden müssen, ist mit den anderen Beteiligten rechtzeitig zu vereinbaren, welche Plattformen man gemeinsam nutzen will. Wird dies frühzeitig initiiert, steigen die Chancen, dass man deutliche Synergie-Effekte und eine schnellere Kommunikation und Abwicklung erzielen kann.

Hindernis	Pro	Contra
Technische Gründe		
Zeitmangel, fehlende Motivation	Ein gutes Tool macht die Arbeit, die sowieso zu tun ist, übersichtlicher	»Noch ein neues Tool, ich habe keine Zeit dafür«
Kein ersichtlicher Nutzen	Grundsätze sollen nicht geändert werden, es soll aber einfacher werden	»Wir haben unsere Routinen, die sich über Jahre als sinnvoll erwiesen haben«
Hemmungen, sich »öffentlich« zu äußern	Generell sollte im Projekt offen kommuniziert werden; dennoch ist individuelle Kommunikation weiterhin möglich	»Ich möchte nicht, dass alle sehen, was ich mitteile«
Konkurrenzdenken	Als Team können wir mehr erreichen als die einzelnen Mitglieder	»Wissen ist Macht, ich möchte mein Wissen nicht teilen« (wenn dies im Projekt der Fall ist, sollten die entsprechenden Mitarbeiter ersetzt werden)
Fehlendes Vertrauen, Kontrollverlust	Durch schrittweises Einführen und Ausprobieren wird klar, dass kein Kontrollverlust entsteht	»Ich weiß nicht, was mit meinen Beiträgen passiert«

Abb. 6.6: Beispiel: Hindernisse bei der Einführung von Wissensmanagement im Projekt/Unternehmen

Aufwand- und Nutzenbetrachtung

7. Kapitel

61 Warum lohnt sich die Einführung von Wissensmanagement?

62 Kann man den Aufwand der Einführung messen?

63 Lässt sich der Nutzen des Wissensmanagements steigern?

64 Kann man den Nutzen des Wissensmanagements messen?

65 Besteht beim Wissensmanagement ein Zusammenhang zwischen Aufwand und Nutzen?

66 Wie schnell amortisieren sich Investitionen in das Wissensmanagement?

67 Wie erreiche ich am schnellsten Erfolge beim Wissensmanagement?

68 Was kann ich langfristig für eine positive Bilanz des Wissensmanagements tun?

69 Wie lassen sich Misserfolge bei der Einführung von Wissensmanagement verhindern?

70 Welche Unternehmen können auf ein Wissensmanagement verzichten?

61 Warum lohnt sich die Einführung von Wissensmanagement?

Die Einführung von Wissensmanagement lohnt sich auf jeden Fall, da sie sich bereits durch einzelne positive Ergebnisse amortisieren kann und eine erfolgreiche Projektumsetzung spürbar unterstützt. Die drei wesentlichen Faktoren bei der Einführung sind die Zeit, das Personal und die Kosten:

⇨ Hinsichtlich der Zeit ist zu fragen, innerhalb welchen Zeitraums welche Ausprägung des Wissensmanagements erreicht werden soll. Eine zu kurze Frist wird Probleme bereiten, da eine solche Einführung mit einer gedanklichen Umstellung des Managements und der Mitarbeiter einhergeht (Change Management) – und dies bedarf erfahrungsgemäß einer gewissen Zeit. Will man ein ganzheitliches Konzept verfolgen, so ist eine Einführungszeit von ein bis eineinhalb Jahren eine zu berücksichtigende Untergrenze. Geht es um gezielte Einzelmaßnahmen, so kann dies allerdings auch in ein bis zwei Monaten geschehen. Für die Einführung eines komplexeren Wissensmanagements im ganzen Unternehmen ist mit zwei Jahren zu rechnen. Hier sollte das Pareto-Prinzip beachtet werden, nach welchem mit 20 % des Aufwandes bereits 80 % des Effekts erreicht werden kann.

⇨ Für die Einführung von Wissensmanagement in einem Unternehmen ist entsprechend motiviertes Personal sehr wichtig. Je nach Unternehmensgröße sollte mindestens ein engagierter Mitarbeiter zu 50 bis 100 % seiner Arbeitszeit als Wissensmanagement-Verantwortlicher eingesetzt werden. Des Weiteren sind interessierte Mitarbeiter in verschiedenen Abteilungen zu benennen, die für den Wissensmanagement-Verantwortlichen als Multiplikatoren fungieren. Als sehr hilfreich erweist sich auch die Unterstützung durch einen externen Berater.

⇨ Bei den Kosten ist zwischen direkten und indirekten Kosten zu unterscheiden. Die direkten Kosten sind relativ klar abgrenz- und kalkulierbar. Die indirekten Kosten unterliegen einer großen Interpretationsbreite, Befürworter werden sie sehr niedrig ansetzen, Gegnern wird es nicht schwerfallen, hier enorme Aufwände darzustellen. Man sollte dies mit einem gesunden kaufmännischen Verstand beurteilen.

62 Kann man den Aufwand der Einführung messen?

Man kann diesen Aufwand messen, wenn man sich darüber einig ist, welche direkten und vor allem welche indirekten Kosten berücksichtigt werden sollen.

Dann lässt sich eine sehr gute Näherungsrechnung für einen solchen Einführungsaufwand erstellen. Hier wird als Beispiel die Einführung einer modernen Kollaborations-Plattform betrachtet. Die wesentlichen Kostenarten hierbei sind Personalkosten und Sachkosten. Es hat sich als sehr sinnvoll erwiesen, ein solches Budget gemeinsam mit Vertretern aller Beteiligten zu erstellen, um dem späteren Vorwurf einer »Schön- oder Schlechtrechnung« vorzubeugen. Während der Einführung sollte man die entsprechenden Kosten kontrollieren – zum einen durch Zeiterfassung mit Stundensätzen, zum anderen durch Auflistung der angefallenen Sachkosten. Das vorliegende Beispiel wurde für ein Unternehmen mit 1.000 aktiven Usern berechnet. Unter Berücksichtigung eines Teils indirekter Kosten durch Produktivitätsausfall während der Schulung ergeben sich Gesamtkosten von ca. € 476,- (Kostenbasis 2014) pro Nutzer über einen Zeitraum von 1,5 Jahren. Danach gilt das System als eingeführt. Es fallen nur noch die laufenden Kosten für den Wissensmanager sowie die Betriebskosten an, also ca. € 75.000 pro Jahr bzw. € 140 pro Jahr und User. Bei größeren Firmen wird es pro User etwas günstiger, bei kleinen Firmen evtl. etwas teurer.

Kostenart	Messgröße	Kostenansatz (Beispiel)	Beispielrechnung	Gesamtkosten
Personalkosten »Wissensmanager«	Produktive Mannmonate (MM)	€ 10.000,- / MM	50 % eines Mitarbeiters über 1,5 Jahre = 8 produktive MM	€ 80.000,-
Kosten einer Kollaborationsplattform	Kosten pro User p.a. inkl. Betreuung	ab € 20,- p.a. / User	1.000 User p.a. über 1,5 Jahre	€ 30.000,-
Externe Beratung bei der Einführung	Beratertage	€ 1.800,- / Beratertag	20 Beratertage über 1,5 Jahre + Reisekosten	€ 36.000,-
Sonstige direkte Kosten	Pauschale			€ 50.000,-
Indirekt: Produktivitätsverlust der User durch Schulung	4 Stunden / User für online- / Präsenztrainings	€ 70,- / Std. / User	1.000 User á 4 Std. á € 70,-	€ 280.000,-

Abb. 7.1: Beispielrechnung zur Einführung einer »Wissensplattform«

63 Lässt sich der Nutzen des Wissensmanagements steigern?

Der Nutzen lässt sich steigern, wenn das Unternehmen es zulässt und die notwendigen Voraussetzungen schafft, insbesondere durch eine offene Unternehmenskultur.

Wesentliche Faktoren für den Nutzen von Wissensmanagement sind die Verfügbarkeit von Methoden und Tools, die Durchdringung des Unternehmens damit, die Motivation der Mitarbeiter und des Managements, sich zu beteiligen, und die Bereitschaft, sich zu wandeln.

Zu den Methoden und Tools finden Sie u.a. im 4. Kapitel nähere Erläuterungen.

Für die Durchdringung des Unternehmens ist die Akzeptanz ein treibender Faktor. Auch hierzu gibt es in diesem Handbuch einige wichtige Aussagen (siehe z.B. Kapitel 3 und 8). Ganz wesentlich ist es, eine nennenswerte Menge an nützlichen Inhalten bereits zum Start zur Verfügung zu stellen und langsam mit ganz konkreten und erprobten Use Cases zu beginnen. Eine wichtige Rolle spielen auch die treibenden Kräfte, nämlich der Wissensmanagement-Verantwortliche und die ausgewählten Multiplikatoren. Sie sollten den anderen Mitarbeitern immer wieder mit Rat und Tat zur Seite stehen und deutlich machen, welchen Nutzen ein systematisches Wissensmanagement bringen kann.

Bei aktiver Unterstützung des Managements sind auch die Mitarbeiter viel eher bereit, sich auf die Erfordernisse des Wissensmanagements einzulassen. Erste Erfolge wirken in der Regel motivierend. Sobald diese sich einstellen, verdeutlichen sie den Mitarbeitern, wie viel Zeit Sie sparen und um wie viel effizienter sie arbeiten können. Die bei der Suche nach Informationen eingesparte Zeit steht ihnen jetzt für die Lösung von Kernproblemen zur Verfügung.

Ein offener Wissensaustausch erfordert eine generelle Offenheit im Unternehmen. Ist diese nicht bereits gegeben, so muss speziell das Management an seiner Rolle arbeiten und sich in diese Richtung bewegen. Zu einer intrinsischen Motivation der Mitarbeiter gehört eine größere Freiheit, die in der Regel Eigeninitiative und Spaß an der Arbeit steigert. Ein aktives Wissensmanagement hat es deutlich schwerer, wenn diese Freiheit vom Management nicht gewährt und vorgelebt wird.

64 Kann man den Nutzen des Wissensmanagements messen?

Im Vergleich zur Messung der Kosten ist die Messung eines Nutzens schwieriger, unmöglich ist sie indes nicht. Näherungsrechnungen und qualitative Aussagen ergeben zumeist einen sinnvollen Ansatz.

Bei den Methoden zur Bewertung des Wissens wird zwischen deduktiv-summarischen und induktiv-analytischen Methoden unterschieden. Die **deduktiv-summarischen Ansätze** streben eine einfache und schnelle Bestimmung des Wertes der organisationalen Wissensbasis an. Dieser kann sich z.b. bei Aktiengesellschaften an der Börse im Unterschied zwischen Buchwert und Marktwert der Gesellschaft ausdrücken. Der Marktwert reflektiert Zukunftserwartungen, in die auch das Wissen der AG einfließt (z.B. Google).

Die Gruppe der **induktiv-analytischen Ansätze** macht eine umfangreichere Betrachtung immaterieller Vermögenswerte möglich. Mithilfe dieser Ansätze lassen sich u.a. Elemente der Wissensbasis bestimmen, eine Anzahl davon auswählen und mit Kennzahlen versehen. Das so entstehende Kennzahlensystem wird sodann bewertet.

Generell ist zu sagen, dass der Nutzen umso schneller steigt, je besser das Wissensmanagement im Unternehmen verankert ist und je umfangreicher Inhalte abrufbar sind, sei es über Systeme oder über Personen. In Anlehnung an Abb. 7.1 wird im Folgenden versucht, überschlagsweise und mit einfachen Annahmen einen möglichen Nutzen zu berechnen. Aus dieser einfachen Berechnung, die zudem noch konservativ angesetzt ist, ergibt sich bereits ein gravierender Nutzen eines systematischen Wissensmanagements.

Nutzenart	Messgröße	Nutzenansatz (Beispiel)	Beispielrechnung	Gesamtnutzen
Entfall der Software- und Betreuungskosten diverser anderer Tools	Betriebskosten anderer Insellösungen	Einsparung für andere Tools á € 20.000,- p.a. (niedriger Ansatz)	Einsparung für 3 andere Tools á € 20.000,- p.a.	€ 60.000,-
Indirekt: Produktivitätsgewinn der User	Produktivitätsgewinn / User	10 Stunden á € 70,- / Monat / User durch schnellere Informationsverfügbarkeit und Bearbeitung	1.000 User á 10 Std. / Monat für 10 Monate p.a.	€ 7.000.000,-

Abb. 7.2: Versuch einer harten Nutzenrechnung bei Einführung einer »Wissensplattform«

65 Besteht beim Wissensmanagement ein Zusammenhang zwischen Aufwand und Nutzen?

Es besteht zwar ein Zusammenhang, dieser lässt sich aber nicht eindeutig definieren. Auf jeden Fall entwickeln sich Aufwand und Nutzen nicht parallel zueinander.

Bei der Beantwortung der Fragen 62 und 64 wurde aus praktischer Sicht ein solcher Zusammenhang hergestellt. Auf der anderen Seite sind aber ca. 80 % der Vorhaben, Wissensmanagement in Unternehmen einzuführen, nicht oder nur teilweise erfolgreich. Zu den Gründen wird im 8. Kapitel etwas gesagt. Werden die wichtigen Schritte bei der Etablierung des Wissensmanagements nicht in der richtigen Reihenfolge durchgeführt, so kann immenser Aufwand entstehen, ohne später einen sinnvollen, messbaren Nutzen zu generieren. Wenn man Monate mit einer allumfassenden Planung für das gesamte Unternehmen zubringt und diese womöglich schon viele Jahre im Voraus erstellt, zudem detaillierte Ablösungsstrategien für andere Insellösungen erarbeitet und versucht, jeden Schritt bis ins letzte Detail hinein zu planen, so ist der Aufwand immens, der Nutzen jedoch fraglich. Der größte Nutzen wird erzielt, wenn sich ein kleiner Kern von Mitarbeitern im Unternehmen rechtzeitig gut informiert und abstimmt und die Einführung mit Unterstützung des Managements und mit Einbindung wesentlicher Stakeholder schrittweise durchführt. Treibende Kraft sind letztlich die Mitarbeiter. Wenn ihnen überzeugende Starthilfen gegeben werden und die notwendige Offenheit vermittelt wird, kann sich ein solches System auf Grundlage einer Basis-Investition relativ schnell entwickeln, der Nutzen wird so mittelfristig deutlich höher sein als der Aufwand.

66 Wie schnell amortisieren sich Investitionen in das Wissensmanagement?

Es besteht die Möglichkeit, dass in großen Firmen durch einen einzigen entscheidenden Tipp, der aufgrund eines systematischen Wissensmanagements ausgetauscht werden kann, bereits Beträge eingespart werden, die in die Millionen gehen.

Dies geschieht durchaus häufig bei einer Vorgehensweise, wie sie im Abschnitt zur Frage 56 dargelegt wird. Insofern kann man die Aussage gelten lassen: Im günstigsten Fall amortisieren sich die Kosten innerhalb weniger Wochen. Wird ein Wissensmanagement systematisch und richtig eingeführt, so ist nach allgemeiner Erfahrung davon auszugehen, dass sich diese Investitionen nach spätestens ein bis zwei Jahren amortisiert haben.

Im ungünstigsten Fall ist es so, dass hoher Aufwand mit hohen Kosten bei der Einführung entsteht, sich letztendlich aber gar kein messbarer Nutzen einstellt, da bei der Einführung gravierende Fehler gemacht wurden. Dass die Einführung von Wissensmanagement in 80 % aller Fälle scheitert, liegt vor allem an der mangelnden Vorbereitung und an falschen Schritten bei der Einführung. Die richtige Vorgehensweise und wesentliche Gründe für ein Scheitern werden im 3. und 8. Kapitel dargelegt.

Der möglicherweise wichtigste Faktor ist aber die mangelnde Unterstützung durch das Management. Wo dies nicht vorlebt, mitmacht und alle Mitarbeiter sichtbar unterstützt, fehlen die Glaubwürdigkeit und somit der Antrieb auf Seiten der Mitarbeiter. Eine Firma muss bereit sein, sich umzustellen (Change Management), Wissen darf nicht mehr Herrschaftsinstrument sein. Mit dem Eintritt der Generation Y in die Arbeitswelt werden das kollektive Umgehen mit Wissen und die gegenseitige Unterstützung noch wichtiger. Es wird erwartet, dass ein offenes Klima herrscht. Um im Wettbewerb mitzuhalten, ist dies dringend notwendig. Unternehmen, bei denen die Voraussetzungen für einen schnellen Austausch von Wissen und Ideen fehlen, werden mittelfristig nicht mehr wettbewerbsfähig sein.

Kapitel 7

67 Wie erreiche ich am schnellsten Erfolge beim Wissensmanagement?

Bei der systematischen Einführung von Wissensmanagement ist es wichtig, schnelle Erfolge zu erzielen. Somit ist anfangs eine Fokussierung auf die »Quick Wins« ausschlaggebend.

Solche Erfolge ermutigen alle, diesen Weg weiterzugehen. Basis hierfür sollte immer eine gründliche Analyse der Stärken und Schwächen des Unternehmens hinsichtlich des Wissensstandes & -bedarfs sein, die ohnehin regelmäßig durchgeführt werden sollte, um die Wettbewerbsfähigkeit zu sichern. Eine SWOT-Analyse kann hier eine gute Grundlage sein. Auch der Deutsche Arbeitskreis Wissensbilanz bietet hilfreiche Hintergrundinformationen hierzu – einschließlich eines entsprechenden kostenlosen Tools (siehe [18]).

Der Schwerpunkt sollte zunächst auf gründlichen Ausgangsüberlegungen liegen, die dann in erste konkrete Maßnahmen umgesetzt werden. Anzusetzen ist zunächst an den Stellen mit dringendem Handlungsbedarf. Ein kleines Pilotprojekt mit einer begrenzten Anzahl von Beteiligten erhöht die Wahrscheinlichkeit eines erfolgreichen Rollout im ganzen Unternehmen. Eine schrittweise Einführung auf Basis eines guten Konzeptes, das vom Management voll unterstützt wird, ist die beste Voraussetzung für schnelle Erfolge. Im weiteren Verlauf sollten die Prioritäten der folgenden Schritte regelmäßig überprüft werden. Hilfreich kann auch eine Erprobung auf Projektebene sein. Die Erprobungsschritte können später an das Unternehmen angepasst und ggf. dort eingeführt werden.

Abb. 7.3: Schritte bei der Einführung von Wissensmanagement im Unternehmen

68 Was kann ich langfristig für eine positive Bilanz des Wissensmanagements tun?

Das beste Mittel, um langfristig eine positive Bilanz des Wissensmanagements zu erreichen, ist die volle Unterstützung des Managements und ein KVP (kontinuierlicher Verbesserungsprozess).

Dies bedeutet für viele Unternehmen auch, dass sie die schöpferische Kraft und die Schwarmintelligenz der Mitarbeiter nutzen und dazu vor allen Dingen zunächst einmal zulassen müssen. Dazu sind Strukturen in den Unternehmen zu verändern und ein neuer Managementstil wird notwendig. Die Offenheit und der Wille der Mitarbeiter zusammenzuarbeiten, verträgt sich nicht mit strikten hierarchischen Strukturen. Ebenso wichtig ist eine offene Fehlerkultur, die Fehler als Möglichkeit sieht, dazuzulernen, Dinge in Zukunft besser zu machen und Mitarbeiter für Fehler nicht bestraft. Spricht es sich herum, dass ein Unternehmen schöpferische Kräfte zulässt und fördert, zieht das wiederum gut ausgebildete und ideenreiche Mitarbeiter an. So kommt ein Kreislauf in Schwung, dessen Dynamik zunimmt und der dem Unternehmen schon binnen zwei bis drei Jahren einen entscheidenden Wettbewerbsvorteil verschaffen kann.

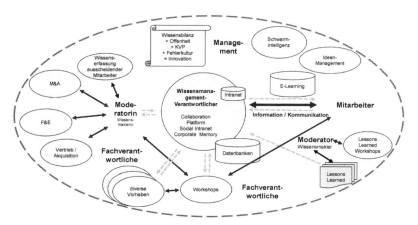

Abb. 7.4: Beispielhafte Darstellung des Wissensmanagements in einem Unternehmen

69 Wie lassen sich Misserfolge bei der Einführung von Wissensmanagement verhindern?

Drei wesentliche Gründe können die Einführung von Wissensmanagement wirkungslos machen:
- ⇨ eine falsch aufgesetzte Einführung,
- ⇨ eine zu hohe Tool-Orientierung sowie
- ⇨ die fehlende Bereitschaft, im Unternehmen den zugehörigen Kulturwandel zuzulassen.

Wie in diesem Buch mehrfach erläutert, ist es äußerst wichtig, die richtigen Schritte in der richtigen Reihenfolge durchzuführen. Wird dies in einer Einführungsplanung nicht ausreichend berücksichtigt, so ist die Wahrscheinlichkeit sehr hoch, dass das gesamte Konzept nicht angenommen und auch nicht umgesetzt wird. Der Erfolg einzelner Bausteine nutzt im Gesamtzusammenhang wenig. Da sich die volle Wirkung nur dann entfaltet, wenn alle Elemente vernetzt sind und ineinandergreifen, wird der Wirkungsgrad dieser Teilerfolge gering sein. Bei der Einführung von Plattformen zur Unterstützung des Wissensmanagements scheitern nach bisherigen Erhebungen ca. 80 % der Vorhaben. Geht ein solches Vorhaben schief, besteht auf Jahre hinaus das Risiko, dass dieser Schaden nicht zu reparieren ist. Die Frustration und Voreingenommenheit der Beteiligten ist dann so groß, dass an einen erfolgreichen zweiten Versuch auf lange Zeit nicht zu denken ist.

Die Einführung einer solchen Plattform kann nur dann eine positive Wirkung zeigen, wenn sich Management und Unternehmen darüber bewusst sind, dass eine verzeihende Fehlerkultur und die Bereitschaft, einen Wandel im ganzen Unternehmen zuzulassen, absolut notwendig sind. Fehlen diese Voraussetzungen, so wird die erwünschte Wirkung ausbleiben. Das gleiche gilt für den Fall, dass es zwar Lippenbekenntnisse des Managements hinsichtlich der o.g. Punkte gibt, diese in der täglichen Zusammenarbeit aber Lügen gestraft werden. Die Einführung eines Wissensmanagements verlangt zudem von allen Beteiligten eine große Offenheit hinsichtlich des Know-hows und wichtiger Informationen, zu der sich auch viele Mitarbeiter erst einmal durchringen müssen. Stellen sie dann fest, dass ihnen dies negativ ausgelegt wird, so werden sie blockieren: Die Investition wird wirkungslos.

70 Welche Unternehmen können auf ein Wissensmanagement verzichten?

Die Folgen eines Verzichtes auf die Einführungs von Wissensmangement sind abhängig von der Art des Unternehmens. Je nach Wissensabhängigkeit des Unternehmens kann die Wettbewerbsfähigkeit rasant schnell oder langsam verloren gehen. In wissensintensiven Industrien ist die Notwendigkeit, Wissensmanagement zu betreiben, überlebensnotwendig. Die Geschwindigkeit, in der Innovationen entwickelt werden und auf den Markt kommen, steigt weiterhin an. Zyklen, die früher zehn Jahre benötigt haben, werden heutzutage häufig in drei bis vier Jahren durchlaufen. Unternehmen sind also noch viel mehr als früher auf Ideen, Innovationen, Forschung und Entwicklung, Verbesserung der Qualität und der Arbeitsprozesse und eine Erhöhung der Umsetzungsgeschwindigkeit angewiesen. Stillstand ist Rückschritt und wer nur im Mittelmaß liegt, wird viel schneller als früher zurückfallen. Wie schnell so etwas passieren kann, haben wir bei Unternehmen wie Nokia, Grundig, Quelle, Kodak, Xerox und anderen gesehen. Wer sich auf Erfolgen ausruht, läuft Gefahr, über kurz oder lang die Existenz seines Unternehmens massiv zu gefährden. Es gilt also nicht nur mitzuhalten, sondern sogar einen Vorsprung zu gewinnen, um für die Zukunft wettbewerbsfähig zu bleiben. Allein um mithalten zu können, ist ein systematisches Wissensmanagement erforderlich. Um sich an der Spitze zu halten, sind eine kontinuierliche Generierung von Ideen, eine offene Zusammenarbeit und eine hohe Attraktivität für die Mitarbeiter unerlässlich. Eindrucksvoll deutlich wird dies am Beispiel Google. Dieses Unternehmen ist eine wahre Ideen-und Umsetzungsmaschinerie, die sich auf Grund ihres Ideenreichtums zudem ein finanzielles Polster geschaffen hat, das ihr den einen oder anderen Fehlschlag durchaus erlaubt. Fehlentwicklungen werden jedem Unternehmen immer wieder unterlaufen. Diese dürfen allerdings die Existenz nicht gefährden.

In weniger wissensintensiven Bereichen ist diese Bedrohung nicht so stark ausgeprägt. Jedoch nimmt auch hier die Geschwindigkeit der Entwicklungen zu und es ist auf jeden Fall vorteilhaft, sich rechtzeitig darauf einzustellen. Auch Unternehmen in diesem Bereich sollten also behutsam beginnen, Wissensmanagement systematisch zu betreiben.

Erfolgsfaktoren und Barrieren

8. Kapitel

71 Welche Widerstände gibt es bei der Etablierung
    von Wissensmanagement?

72 Ist Change Management für eine nachhaltige Verankerung
    des Wissensmanagements erforderlich?

73 Kann Stakeholdermanagement beim Wissensmanagement helfen?

74 Welche positiven Effekte erzielt
    Wissensmanagement für ein Unternehmen?

75 Wie kann man Mitarbeiter motivieren,
    Wissensmanagement aktiv mitzugestalten?

76 In wessen Verantwortung sollte das Thema
    Wissensmanagement liegen?

77 Braucht eine Wissensmanagement-Initiative
    Unterstützung vom Top Management?

78 Wie stellt man sicher, dass der Wissensmanagementansatz
    zur Geschäftsstrategie passt?

79 Wie kann Wissensmanagement zum
    Unternehmenserfolg beitragen?

80 Welchen Mehrwert stiftet Wissensmanagement
    für den einzelnen Mitarbeiter?

71 Welche Widerstände gibt es bei der Etablierung von Wissensmanagement?

Erfolgreiches Wissensmanagement hat sehr viel mit dem Vorhandensein bzw. der Schaffung einer adäquaten Unternehmenskultur zu tun. Nur durch eine offene Zusammenarbeit und bereitwilliges Geben und Nehmen kann Wissensmanagement funktionieren. Das impliziert, dass in aller Regel Änderungen im Verhalten notwendig sind, die oft nicht ohne Weiteres zu erreichen sind. Folgende typische Verhaltensmuster und Randbedingungen trifft man häufig an:

⇨ Wissen wird nicht weitergegeben, weil »Wissen Macht ist«;
⇨ Angst vor Wissensverlust;
⇨ fehlendes Vertrauen gegenüber Kollegen;
⇨ persönliche Vorteile werden nicht gesehen;
⇨ »Not invented here«-Syndrom;
⇨ gegensätzliche Zielvorgaben aus der Organisation.

Das betrifft nicht nur die Mitarbeiter, sondern auch die Führungsebene. Die stärkere Selbstorganisation der Mitarbeiter, die Schaffung weiterer Informationsquellen und – damit gepaart – das eigenverantwortliche Lernen erzeugen bei vielen Führungskräften den Eindruck eines Machtverlusts. Auch sie müssen sich erst in ihre veränderte Rolle hineinfinden, in der sie stärker als Coach denn als Manager agieren.

Im Zuge der Konzepterstellung sollte deshalb eine Vielzahl von schriftlichen und mündlichen Interviews durchgeführt werden, um möglichst viele Beteiligte und Betroffene mit ins Boot zu nehmen. Befragt werden sollten sowohl Mitarbeiter im operativen Geschäft (die späteren Kernnutzer) als auch das Management (die späteren Unterstützer der Initiative).

Die Kernfrage an die Nutzer lautet: »Wie können wir helfen und was brauchst Du, damit Du besser arbeiten kannst?« Die Kernfrage an das Management lautet: »Wie muss die Initiative aufgesetzt sein, damit sie Deine Ziele unterstützen kann?«

Die frühzeitige Einbindung aller Beteiligten – der Nutzer wie der Unterstützer – in das Design der Wissensmanagement-Initiative ist ein wesentlicher Erfolgsfaktor, um den üblichen Schwierigkeiten bei der Einführung des Wissensmanagements zu begegnen.

72 Ist Change Management für eine nachhaltige Verankerung des Wissensmanagements erforderlich?

Eigentlich sollte es eine Selbstverständlichkeit sein, dem Faktor Veränderungsmanagement in einer Initiative, die teilweise sehr einschneidende Änderungen an der Art und Weise der Zusammenarbeit mit sich bringt, den notwendigen Stellenwert einzuräumen. Was immer an Maßnahmen umgesetzt wird, es wird nur dann nachhaltig zu Veränderungen führen, wenn sich auch die Einstellung aller Betroffenen und Beteiligten ändert. Das ist häufig ein langwieriger Prozess und muss durch eine Reihe von Maßnahmen initiiert und getrieben werden.

Viele Wissensmanagement-Initiativen, vor allem die, die durch die IT getrieben werden, sind »technisch gedacht« und zielen auf den Aufbau einer möglichst reibungslosen Wissensplattform ab. Der »Faktor Mensch« wird dabei unterschätzt, als Konsequenz werden die Plattformen nicht in gewolltem Umfang genutzt.

Ziel des Change Managements ist es, Mitarbeiter und Management zu motivieren und zu überzeugen und dadurch eine positive Einstellung zum Thema zu erreichen. Das heißt, es muss während des gesamten Projekts kontinuierlich und zielgruppenorientiert informiert werden. So kann allen Mitarbeitern das Gefühl vermittelt werden, beteiligt zu sein, und eine positive Erwartungshaltung hinsichtlich des »Go-Live«-Zeitpunktes erzeugt werden.

Eine besondere Herausforderung stellen hier multinationale Initiativen dar. In diesen Fällen sind zusätzlich die kulturellen, organisatorischen und sprachlichen Besonderheiten zu berücksichtigen. Hier empfiehlt es sich, die Kommunikation in einem Netzwerk zu betreiben, dem Vertreter jedes betroffenen Landes angehören. Ein Kern-Team fungiert dabei in erster Linie beratend und koordinierend für die Kommunikatoren in den Ländern. Die lokale Kommunikationsarbeit erfolgt dann in der jeweiligen Landessprache und berücksichtigt lokale Spezifika.

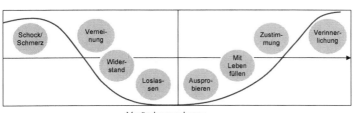

Abb. 8.1: Typische Phasen in einem Veränderungsprozess

73 Kann Stakeholdermanagement beim Wissensmanagement helfen?

Stakeholdermanagement stellt sicher, dass die wesentlichen Personen, die ein Interesse und einen Einfluss auf den Ablauf und die Ergebnisse einer Wissensmanagement-Initiative haben, identifiziert und entsprechend berücksichtigt werden. Das können Führungskräfte sein, aber auch Meinungsbildner, die eine exponierte Position einnehmen.

Im Stakeholdermanagement wird zunächst festgelegt, welche Personen oder Personengruppen bei der Einbindung in Entscheidungen sowie der Informationsweitergabe besonders beachtet werden müssen. Dies ist bei der gesamten Planung der Initiative zu berücksichtigen, entsprechende Workshops, Besprechungen oder Informationskampagnen sind zu planen.

Als nächstes sollte analysiert und dokumentiert werden, welche Interessen die einzelnen Stakeholder an der Wissensmanagement-Initiative haben. Wichtig ist auch, welchen Einfluss auf den Erfolg oder Misserfolg sie haben bzw. welche Auswirkungen Erfolg oder Misserfolg auf sie haben. Diese Erkenntnisse werden am besten in Workshops sowie durch Interviews mit den Stakeholdern zusammengetragen. Mit Hilfe einer »Einfluss-Interessen«-Matrix können die Stakeholder geclustert werden. So lässt sich die Art und Weise der Einbindung ermitteln. Sie kann beispielsweise in Form von Informationsweitergabe, Informationsabfrage, Beratung, Mitarbeit oder einer Partnerschaft erfolgen.

Abb. 8.2: Beispiel einer Einfluss-Interessen-Matrix

74 Welche positiven Effekte erzielt Wissensmanagement für ein Unternehmen?

Wissensmanagement bringt einem Unternehmen eine Reihe von positiven Effekten, beispielsweise die Reduzierung von Risiken, eine Erhöhung der Produktivität oder eine Stärkung der Innovationskraft.
Durch das Explizitmachen impliziten Wissens erreicht man:
⇨ transparente Entwicklungs-, Engineering- und Projektaktivitäten;
⇨ sichtbare Kompetenzen und Kompetenzverteilung;
⇨ nutzbare Projektergebnisse, Lösungen und Good Practices.

Wissensmanagement fördert den Austausch der Mitarbeiter untereinander und trägt damit zur Vermeidung von Wiederholungsfehlern und zur Mehrfachnutzung bewährter Lösungen bei. Durch das Entstehen von Netzwerken wird für die Mitarbeiter das Auffinden von Informationen vereinfacht und ein orts- und zeitunabhängiger Zugriff auf Experten ermöglicht.

Durch den Einsatz von dedizierten Experten-Communities erhält ein Unternehmen ein hervorragendes Steuerungsinstrument für den Wissenserhalt, Wissensaufbau, Wissensaustausch und für Innovationen. Der Wissenstand des gesamten Unternehmens wird sowohl in der Breite (vorhandenes Wissen wird auf mehr Mitarbeiter verteilt) als auch in der Tiefe (neues Wissen wird im Unternehmen aufgebaut) erhöht.

Dies alles trägt dazu bei, eine neue Kultur der Zusammenarbeit, ein neues »Wir-Gefühl« zu schaffen und damit auch die Mitarbeiterzufriedenheit und Mitarbeiterbindung an das Unternehmen zu erhöhen. Wissensmanagement ist der Hebel, um die Effizienz in einem wissensorientierten Unternehmen zu verbessern. Mit der neuen ISO 9001-Norm wird zudem Wissensmanagement von der Pflicht zur Kür. In der Ausgabe 2015 sind explizite Forderungen nach Wissensmanagement-Prozessen enthalten, die Voraussetzung für eine erfolgreiche Zertifizierung sind.

75 Wie kann man Mitarbeiter motivieren, Wissensmanagement aktiv mitzugestalten?

Die Motivation gelingt am leichtesten, wenn die Mitarbeiter aktiv mit eingebunden werden, offen mit ihnen kommuniziert und Wissensaustausch als Wert anerkannt und eingefordert wird. Zunächst gilt es, die Mitarbeiter für das Thema Wissensmanagement zu interessieren. Eine frühzeitige und zielgruppenorientierte Kommunikation im Rahmen einer Startkampagne spielt dabei eine entscheidende Rolle. Die Kampagne sollte Beiträge und Management-Statements in internen Print- und Online-Medien sowie eine »Baustellenseite« im Intranet als Ankündigungsplattform beinhalten.

Bei dieser Kommunikation geht es insbesondere um Glaubwürdigkeit. Daher sollten Missstände und Defizite offen und unverblümt angesprochen sowie das Verbesserungspotenzial und die Zielsetzung klar formuliert werden. Auch während der weiteren Phasen lautet der Anspruch, stets offen und ehrlich zu kommunizieren. Dabei sollte man sich des Sprachstils der Mitarbeiter bedienen und auch die jeweiligen Landessprachen berücksichtigen, falls es sich um eine multinationale Initiative handelt.

Für die spätere Nutzung einer Wissensmanagement-Plattform ist es wichtig, diese als »Mitmach-Plattform« zu konzipieren. Hier haben sich insbesondere die sozialen Medien als sehr hilfreich erwiesen. Die Plattform muss intuitiv und ohne Schulung bedienbar sein. Eventuell notwendige Hilfestellungen sollten online, beispielsweise als Videos, verfügbar sein.

Darüber hinaus ist das Einfordern der entsprechenden Nutzung durch das Management unabdingbar. Es muss deutlich gemacht werden, dass Wissensaustausch gewünscht und Teil einer (neuen) Firmenkultur ist. Das gelingt am besten durch überzeugende Promotoren. Diese »Meinungsbildner« müssen frühzeitig identifiziert, informiert, überzeugt und später als Multiplikatoren genutzt werden. Nichts wirkt so authentisch wie die positive Meinung eines geschätzten Kollegen.

Zudem sind die Auswahl und das Vorantreiben der »richtigen« Themen essentiell. Nur wenn ein Mitarbeiter auf der Plattform seine Themen wiederfindet und Unterstützung bei der Lösung seiner Probleme erhält, wird er einen Nutzen erkennen und bereit sein, auch Kollegen mit seinem Wissen zu unterstützen.

Es hat sich zudem gezeigt, dass in Unternehmen häufig eine hohe intrinsische Motivation existiert, Kollegen zu helfen – insbesondere, wenn Mitarbeitern die Möglichkeit eines direkten Kontaktes untereinander geboten wird. Dabei geht die Zusammenarbeit oftmals über die Beantwortung einer einzelnen Frage hinaus, es entwickeln sich ganze Netzwerke, die sich unbürokratisch in ihrer täglichen Arbeit unterstützen.

76 In wessen Verantwortung sollte das Thema Wissensmanagement liegen?

Mit dem Wissensmanagement verhält es sich ähnlich wie mit dem Qualitätsmanagement. Jeder Mitarbeiter ist in seinem spezifischen Aufgabenbereich dafür verantwortlich, seinen Beitrag dazu zu leisten.

Grundsätzlich sollte in jedem Unternehmen mindestens ein Wissensmanagement-Verantwortlicher benannt sein. Seine Aufgabe ist es, ein Umfeld zu schaffen, in dem Wissen aktiv erworben, geteilt oder weiterentwickelt werden kann. Diese Aufgabe kann er natürlich nicht alleine lösen. Die Führungskräfte müssen ihn dabei unterstützen, sodass die Prinzipien des Wissensmanagements auch tatsächlich gelebt werden. Das bedeutet, sie müssen ihre Mitarbeiter dazu ermutigen und sie dabei unterstützen, ihr Wissen an Kollegen weiterzugeben. Und sie müssen im Arbeitsalltag mit positivem Beispiel vorangehen.

Aber auch Prozessverantwortliche, die keine dispositive Verantwortung haben, müssen dafür sorgen, dass in ihrem Zuständigkeitsbereich die Wissensmanagementmethoden berücksichtigt werden. So ist beispielsweise der Process Owner des Projektmanagementprozesses dafür verantwortlich, dass die Erstellung und Nutzung von Lessons Learned als zwingende Prozessschritte vorgegeben werden.

Eine organisatorische Maßnahme, die sich in größeren Unternehmen zur Stärkung des Wissensmanagements bewährt hat, ist die Etablierung einer Community of Practice. In ihr sind alle Personen Mitglied, die in einer der Organisationseinheiten eine Aufgabe aus dem Wissensmanagement übernommen haben. In regelmäßigen Treffen können geplante Maßnahmen übergreifend abgestimmt, aufkommende Probleme diskutiert und positive Erfahrungen ausgetauscht werden. Es ist zu empfehlen, diese Treffen nicht nur virtuell, sondern von Zeit zu Zeit auch als persönliche Treffen zu organisieren. Der Mensch ist ein soziales Wesen und soziale Kontakte sind wesentlich für eine gute Zusammenarbeit.

77 Braucht eine Wissensmanagement-Initiative Unterstützung vom Top Management?

Eine Wissensmanagement-Initiative ohne Top Management-Unterstützung wird in aller Regel scheitern. Das Top Management spielt eine tragende und entscheidende Rolle bei der erfolgreichen Umsetzung einer Initiative.

Das beginnt damit, dass die Initiative nur dann den gewünschten Mehrwert bringen kann, wenn sie die Geschäftsstrategie unterstützt. Das heißt, bei der Ableitung der Wissensmanagementstrategie aus der Geschäftsstrategie ist das Top Management der zentrale Ansprechpartner.

Die sich daraus ergebenden Leitlinien müssen Bestandteil der »Unternehmenswerte« sein oder werden. Das bedeutet, die Ausrichtung des gesamten Unternehmens muss damit im Einklang stehen, das Selbstverständnis und die Firmenkultur muss Wissensmanagement unterstützen.

Da die Einführung von Wissensmanagement auch direkten Einfluss auf die Arbeitsprozesse und die Zusammenarbeit der Mitarbeiter hat, müssen diese Veränderungen durch das Top Management getragen werden. Zum einen muss der Auftrag zur Veränderung an die Mitarbeiter kommuniziert werden, zum anderen muss das Top Management die entsprechenden Unternehmenswerte auch Vorleben. Wenn eine größere Offenheit und eine vertrauensvollere Zusammenarbeit gewünscht ist, muss das Top Management mit gutem Beispiel vorangehen und das auch vom mittleren Management einfordern. Nichts wirkt so nachhaltig gegen die Veränderung wie ein Vorgesetzter, der sich selbst nicht so verhält, wie er es von seinen Mitarbeitern fordert.

Schließlich bedarf eine Wissensmanagementstrategie der permanenten Überprüfung und ggf. der Anpassung. In den jährlichen Strategiedurchsprachen muss Wissensmanagement ein zentraler Bestandteil sein, der unmittelbar mit der Festlegung der Geschäftsstrategie verbunden ist. Nur so kann sichergestellt werden, dass der gewollte Nutzen auch erreicht wird und das Wissensmanagement die richtigen Ziele unterstützt.

78 Wie stellt man sicher, dass der Wissensmanagementansatz zur Geschäftsstrategie passt?

Die Wissensmanagementstrategie obliegt genau wie die Geschäftsstrategie einer kontinuierlichen Überprüfung und Adaption. Entscheidend ist, dass die beiden Prozesse synchronisiert verlaufen und der Wissensmanagement-Verantwortliche in die Geschäftsstrategiegespräche eingebunden ist.

In den jährlichen Strategiedurchsprachen einer Organisation muss Wissensmanagement ein zentraler Bestandteil sein. Durch seine Teilnahme erfährt der Verantwortliche für Wissensmanagement aus erster Hand, welche Portfolio- oder Marktstrategien das Unternehmen hat, und kann die Auswirkungen auf das vorhandene und notwendige Wissen unmittelbar reflektieren.

Im Nachgang wird in einem strukturiert geführten Prozess die Wissensmanagementstrategie adaptiert. Es wird hinterfragt, ob noch an den richtigen Wissensgebieten gearbeitet wird, ob neues Wissen im Hinblick auf neue Technologien aufgebaut werden muss, ob es regionale Spezifika gibt, die zu berücksichtigen sind, ob Akquisitionen neu in die Gesamtstrategie aufgenommen werden müssen usw. So wird sichergestellt, dass der gewollte Nutzen des Wissensmanagements erreicht wird und Wissensmanagement die Geschäftsziele adäquat unterstützt.

Nach Abschluss dieses Prozesses sollten die neue Strategie und die sich daraus ergebenden Maßnahmen nochmals dem Top Management vorgestellt werden. Damit wird die notwendige Unterstützung bei der Umsetzung und bei der Verfügbarkeit der benötigten Ressourcen sichergestellt.

Kapitel

8

79 Wie kann Wissensmanagement zum Unternehmenserfolg beitragen?

Wissen ist ein wesentliches Asset eines Unternehmens. Demzufolge ist es im Interesse eines Unternehmens, einen Überblick über dieses Asset zu haben und dieses kontinuierlich zu adaptieren und weiterzuentwickeln.

Das Ganze funktioniert aber nur, wenn die notwendigen Tools vorhanden sind. Ohne eine adäquate IT-Lösung wird es kaum möglich sein, einen Überblick über das vorhandene Wissen und die Wissensträger zu schaffen. Und ohne diese Transparenz ist eine Weiterentwicklung im Hinblick auf Innovationen nicht möglich.

Neben dem Wissensaufbau ist der Wissenserhalt eine zentrale Aufgabe eines Unternehmens. Nachdem ein großer Teil des Wissens persönliches Wissen der Mitarbeiter ist, besteht die Zielsetzung also darin, dieses Wissen explizit verfügbar zu machen, entweder durch eine Kodifizierung oder durch die Erzeugung von Transparenz über vorhandene Wissensträger. Auch hierzu wird eine entsprechende IT-Plattform benötigt.

Diese Plattform ist der Schlüssel für ein erfolgreiches Wissensmanagement. Wenn es gelingt, den gesamten Austausch der Mitarbeiter über diese Plattform zu kanalisieren und somit automatisch zu dokumentieren, entsteht ein wertvoller »Wissensschatz«. Durch Analysen kann nun herausgefunden werden, wo Wissensquellen existieren und wo – rein regional, aber auch organisatorisch und thematisch – Wissensbedarf besteht. Es wird transparent, wer die »wahren« oder versteckten Experten zu wichtigen Themen sind und welche Themen den Mitarbeitern auf den Nägeln brennen. Dafür bedarf es natürlich einer intensiven Betreuung der Plattform durch ein »Governance«-Team. Mit dessen Hilfe kann das gesamte Potenzial einer nachhaltigen Wissensmanagement-Initiative genutzt werden.

80   Welchen Mehrwert stiftet Wissensmanagement für den einzelnen Mitarbeiter?

Der Mehrwert für den Mitarbeiter zeigt sich in der täglichen Arbeit. Die Erledigung seiner Aufgaben geschieht schneller und besser und wird zudem einfacher. Die Tätigkeit eines Wissensarbeiters hat sehr viel mit dem Auffinden und Verknüpfen von Informationen zu tun. Somit besteht eine Kernanforderung, die in der Regel durch eine Plattform zur Unterstützung des Wissensmanagements abgedeckt ist, darin, schnell qualitativ hochwertige Informationen zu finden. Dazu bieten sich unterschiedliche Funktionalitäten an:

⇨ Die sogenannten Yellow Pages ermöglichen das einfache Auffinden von Ansprechpartnern. Die Sammlung von Experten-Profilen mit Angaben über Erfahrungen und Kompetenzen ermöglicht, über eine Stichwort-Suche den richtigen Ansprechpartner zu identifizieren.

⇨ Noch leichter macht es eine Funktionalität wie ein Urgent Request. Im Prinzip verbirgt sich dahinter das Absetzen von Fragen an eine Art »Pinnwand«. Darauf kann jeder Mitarbeiter zugreifen, Fragen stellen und beantworten. Durch einen zusätzlichen intelligenten Verteilmechanismus, der die Fragen beispielsweise auch an Experten-Communities weiterleitet, wird aus dem rein passiven Vorgang ein aktiver »Push«. Erfahrungen haben gezeigt, dass eine solche Funktionalität die Akzeptanz einer jeden Plattform enorm verbessert. Sie eröffnet den Zugang zu einem großen, unbekannten Adressatenkreis und liefert schnell hochwertige Antworten.

⇨ Dadurch erhalten aber nicht nur die Frager schnelle Hilfe. Jede Antwort ist zugleich ein Mosaikstein zur Kodifizierung des Wissens im Unternehmen. Jede Frage, die einmal gestellt wurde, muss nicht noch einmal gestellt werden. Mit jeder Antwort wird ein Teil des persönlichen Wissens zu operationalem Wissen. Dieses kann dann wieder systematisch ausgewertet und aufbereitet werden und so beispielsweise in Lessons Learned Eingang finden.

⇨ Diese Lessons Learned sind eine weitere wertvolle Funktion. Dahinter verbergen sich Erfahrungen und Expertenwissen in Bezug auf Ereignisse oder Fragestellungen. In der Projektarbeit sind Lessons Learned seit vielen Jahren ein probates Mittel, um Wissen aus den Projekten zu dokumentieren und weiterzugeben. Allerdings fehlte es häufig an der systematischen Nutzung. Durch eine moderierte Erstellung und zentrale Ablage der Lessons Learned können die dort enthaltenen Erkenntnisse allen zur Verfügung gestellt werden, eine komfortable Suche ermöglicht das bedarfsorientierte Auffinden.

Entwicklungen und Zukunftsaussichten

9. Kapitel

81 Welche Entwicklungen gab es in den letzten Jahren?

82 Welche Entwicklungen gibt es aktuell?

83 Welche zukünftigen Entwicklungen sind absehbar?

84 Welche zukünftigen Entwicklungen sind vorstellbar?

85 Wie könnte unsere Welt in 100 Jahren aussehen?

86 Welche Auswirkungen werden die Entwicklungen auf die Gesellschaft haben?

87 Wird künstliche Intelligenz in der Lage sein, Wissensarbeit zu übernehmen?

88 Werden Technik und menschliches Gehirn vernetzbar?

89 Wie werden sich Fortschritte in der Spracherkennung auswirken?

90 Wie wird sich die Arbeitsteilung zwischen Mensch und Maschine in Zukunft entwickeln?

81 Welche Entwicklungen gab es in den letzten Jahren?

Die Hilfsmittel, Wissen schneller wirksam werden zu lassen, haben sich in den letzten Jahren durch technische Fortschritte – speziell in der IT – gravierend erweitert und verbessert.

Das Prinzip der Wissensentwicklung beim Menschen ist grundsätzlich wohl seit Jahrtausenden gleich geblieben. Durch die Geburt gegebene Voraussetzungen werden ergänzt durch Ausbildung und gemachte Erfahrungen. So hat es der Mensch weitgehend in der Hand, sein Wissen aufzubauen und zu erweitern. Die Mittel jedoch, die dafür zur Verfügung stehen, haben sich in den letzten Jahrzehnten dramatisch verändert. Im Wesentlichen durch die Entwicklungen auf dem Gebiet der Computertechnologie, der Software und der Vernetzung haben sich einerseits die technischen Möglichkeiten, Wissen (oder besser: Informationen) zu erfassen und zu verteilen, extrem verbessert. Zum anderen wächst aber auch die Menge an Informationen, die leicht zugänglich sind und jedermann zur Verfügung stehen, rasant. Während man bei den physikalischen Möglichkeiten allmählich an Grenzen stößt, verbessert und entwickelt sich »intelligente« Software ständig weiter. Zahlreiche Entwicklungen der letzten Jahrzehnte haben die Lebensqualität vieler Menschen gravierend verbessert. Allerdings zeigt sich bis heute immer wieder, dass uns alle Informationen und alles Wissen – trotz prinzipiell leichter Verfügbarkeit – bei der Lösung vieler Probleme oft nicht weiterhelfen. Typische menschliche Verhaltensweisen und Emotionen machen häufig einen Strich durch die Rechnung. Die neuen Möglichkeiten führen zudem dazu, dass wir heute von einem Überfluss an Informationen erschlagen werden, deren Priorisierung uns zunehmend schwerfällt.

82 Welche Entwicklungen gibt es aktuell?

Die Geschwindigkeit, mit der sich die Technologie weiterentwickelt, nimmt aufgrund technischer und wissenschaftlicher Fortschritte stetig zu, insbesondere auf zwei Gebieten:

⇨ Zum einen werden immer bessere und raffiniertere Geräte und Werkzeuge entwickelt, mit denen sich Aufgaben leichter und schneller lösen lassen.

⇨ Zum anderen ist ein wesentlicher Treiber der Entwicklung die Vernetzung verschiedener Geräte mit dem Computer oder auch von Computern untereinander.

Weitere Felder, auf denen die Entwicklung rasant voranschreitet, sind Cognitive Computing, Big Data, Semantic Technology und MOOCs (Massive Open Online Courses). Der Wertewandel und die Individualisierung treiben den Prozess weiter an. So ergeben sich vollkommen neuartige Möglichkeiten und Geschäftsideen, indem man prinzipiell bereits vertraute Dinge miteinander kombiniert. Ein schönes Beispiel sind die Car-Sharing-Modelle. Was früher ein aufwändiger Prozess war, wird heute im Hintergrund durch Computer für uns erledigt.

Entwicklung	Nutzen	Gefahr
Automatisches Fahren	Weniger Unfälle, verbesserter Verkehrsfluss, individuelles Fahren – auch im Alter	Genaue Information über alle Bewegungen, Anfälligkeit bei Computer- und Netzwerkproblemen
Google Glass	Schnelle Verfügbarkeit von Informationen jederzeit, freie Hände bei komplizierten Arbeiten	Gesichtsidentifikation anderer Personen, Preisgabe persönlicher Daten
Spracherkennung	Bedienung von Maschinen auf Zuruf, schnelle Texterzeugung	Leichte automatische Erfassung fremder Gespräche
Automatische Übersetzungen	Zeit- und Kostenersparnis, Simultanübersetzungen im Ausland	Wegfall vieler Dolmetscher, Vereinfachung der sprachlichen Möglichkeiten
Virtual Reality	Trainingsmöglichkeiten (Flugsimulator, Maschinen), besseres Lernen durch Spaß	Suchtgefahr, mangelndes Gefahrenbewusstsein, mangelnder Realitätssinn
Mobile Geräte	Jederzeitige Informationsmöglichkeit zu jedem Thema	Verarmung der menschlichen Kommunikation
Industrie 4.0	Qualitätsverbesserung, schnellere Umsetzung von Ideen in Produkte	Computerprobleme verursachen Produktionsstillstand

Abb. 9.1: Aktuelle Entwicklungen im Umfeld des Wissensmanagements

83 Welche zukünftigen Entwicklungen sind absehbar?

Es gibt eine Vielzahl absehbarer Entwicklungen, täglich eröffnen sich neue Entwicklungsperspektiven, einige von ihnen verschwinden ebenso schnell wieder. Es lässt sich schwer beurteilen, welche Entwicklungen sich durchsetzen werden. Rechenzentren sind heute nur zu etwa 10 % ausgelastet, somit ist 90 % ihrer Kapazität unproduktiv, verursacht aber Kosten. Die Effizienz bei der Nutzung dieser Rechenzentren wird sich deutlich verbessern. Dies wird mit einer Verlagerung immer größerer Informationsmengen in die sogenannte Cloud einhergehen. Firmen und Privatpersonen werden ihre Daten, Informationen und Unterlagen nicht mehr zu Hause, sondern in zentralen, gesicherten Datenzentren ablegen, auf die sie jederzeit, von jedem Ort der Welt und mit (fast) jedem Gerät zugreifen können. Ebenso wird sich das Teilen von Informationen immer mehr durchsetzen. Auch Firmen-Wikis werden sich rasant entwickeln. Die Effizienz der Zusammenarbeit wird dadurch deutlich steigen.

Entwicklung	Nutzen	Gefahr
Vernetzung der Haustechnik für jeden	Bedienung aller Geräte aus der Entfernung, Energieeinsparung	Missbrauch durch Hacker
Haushaltsroboter	Behinderte, alte Leute und Personen mit Zeitmangel können sich helfen lassen	Der Antrieb, etwas selbst zu erledigen, wird geringer
Virtuelle Krankenhäuser und Ärzte	Kranken kann durch weit entfernte Fachleute geholfen werden, treffsichere Eigendiagnosen werden möglich	Vermehrte Fehldiagnosen
Verlagerung aller Aktivitäten in die Cloud	Alle Informationen sind so gut wie jederzeit und ortsunabhängig abrufbar	Missbrauch durch Hacker, vermehrte Spionage
Virtuelle Zusammenarbeit in großem Stil	Kosteneinsparungen, schnellere Reaktions- und Realisierungszeiten	Soziale Kontakte gehen verloren, zunehmende Dauerverfügbarkeit mit gesundheitlichen Folgen
Big Data-Analysen	Frühzeitige Warnungen vor zu erwartenden Ereignissen, Erkennung von Trends	Erstellung immer genauerer Persönlichkeitsprofile, Verlust der Selbstbestimmung
Analysen aus Social Media zu Finanzmärkten	Vorlaufende Erkenntnisse bezüglich der Entwicklung von Preisen, Zinsen, Wechselkursen etc.	Kann an den Finanzmärkten zu falschen Schlüssen führen
Self-Aware-Computing	Dynamische Selbststeuerung von Computern zur besseren Nutzung von Rechenzentrumskapazitäten	Noch nicht absehbar

Abb. 9.2: Absehbare Entwicklungen im Umfeld des Wissensmanagements

84 Welche zukünftigen Entwicklungen sind vorstellbar?

Wofür ein Supercomputer heute noch 150 Jahre braucht, dafür benötigen Quantencomputer nur noch eine Sekunde. Ebenso wird an der Entwicklung von Prozessoren gearbeitet, die wie ein menschliches Gehirn funktionieren. Bringt man diese beiden Dinge zusammen, so eröffnen sich Möglichkeiten, die uns heute noch kaum bewusst sind. Ähnlich wie die Verbreitung der Smartphones die Entwicklung von Millionen Apps erst anstieß und eine Vielzahl neuer Ideen und Geschäftsmodelle auslöste, so kann die zukünftige Verfügbarkeit einer noch mächtigeren Technik wiederum eine Welle von Entwicklungen auslösen, von denen wir heute noch keine Vorstellung haben.

Entwicklung	Nutzen	Gefahr
Wissen wird weltweit leichter verfügbar werden	Auch Regionen und Gruppen, die heute Schwierigkeiten haben, sich ausbilden zu lassen und Wissen aufzubauen, werden durch die Technik in Zukunft deutlich bessere Chancen bekommen	Wer sich nicht an die sich verändernden Gegebenheiten anpasst, wird nicht mehr mithalten können
Umfassende Veränderungen der Unternehmenslandschaft	Finanzmittel fließen zu den Firmen, die am ertragsreichsten erscheinen	Etablierte Unternehmen und daran hängende Arbeitsplätze werden teilweise verschwinden oder sich deutlich verringern
Automatische Steuerung aller Verkehrsflüsse	Man wird sich leichter, schneller und zuverlässiger zwischen den Orten bewegen	Es kann jederzeit exakt festgestellt werden, wer sich wann wo aufgehalten hat
Computer, die wie ein menschliches Gehirn funktionieren	Kognitive Intelligenz: In 15 Sekunden kann der Supercomputer Watson laut IBM die Symptome von einer Million Krebspatienten vergleichen, 10 Millionen Finanzberichte und 100 Millionen Produkthandbücher lesen	Nur noch wenige Spezialisten können wesentliche Vorgänge steuern, viele Menschen können auch in den Grundzügen nicht mehr folgen
Leistungssprünge durch Quantencomputer, Kohlenstoffchips, Biorechner oder Ionenspeicher	Immer mehr Daten können immer schneller und kostengünstiger verarbeitet werden und Prozesse unterstützen oder übernehmen	Der Mensch versteht nicht mehr, was hinter all diesen automatischen Vorgängen steht und wird hilflos, wenn die Technik ausfällt
Menschen, die ein System stören wollen, werden dies mit ihrem Wissen weiterhin intensiv versuchen		Je komplexer Zusammenhänge sind, desto schwieriger ist es, sie zu durchschauen und Fehler zu beseitigen; es kann zu sehr schwerwiegenden Zwischenfällen kommen

Abb. 9.3: Vorstellbare Entwicklungen im Umfeld des Wissensmanagements

85 Wie könnte unsere Welt in 100 Jahren aussehen?

Wenn wir heute Spekulationen darüber anstellen, wie unsere Welt in 100 Jahren aussehen wird, dann können wir all dies nur aus unserer heutigen Sicht tun, auf Basis der Erfahrungswerte, die uns heute vorliegen.

Zukunftsforscher machen sich Gedanken über zukünftige Entwicklungen, dennoch wird nur ein Teil ihrer Erwartungen eintreten. Viele ihrer Prognosen werden sich als nicht realisierbar erweisen, andererseits wird es Dinge geben, die wir uns heute kaum vorstellen können (siehe hierzu auch [19; 20]).

Betrachten wir die Entwicklung der letzten 100 Jahre, also von 1914 bis heute, so hat sich auch in diesem historischen Zeitraum die Welt in einer Weise verändert, die damals nicht absehbar war. Manche Prognosen traten ein – so wurden beispielsweise der Fernseher und das Mobiltelefon relativ präzise vorausgesagt –, über andere lacht man heute. Dennoch erschienen auch diese Voraussagen aus damaliger Sicht nicht unrealistisch.

Verschiedene Problemstellungen wie Klimawandel, Umweltverschmutzung, Überbevölkerung und Rohstoffknappheit zwingen uns, zügig neue Lösungen zu finden und ungewohnte Dinge auszuprobieren. Dazu muss sich aber vielfach auch die Einstellung der Menschen ändern, die trotz besseren Wissens nicht nach diesen Erkenntnissen handeln. Dieses Problem wird uns unter anderem in den nächsten 100 Jahren beschäftigen.

Für die Zukunft scheint jedenfalls festzustehen, dass die Entwicklung der Computer weiter voranschreitet, dass sie unser Leben noch weitgehender durchdringen werden und dass auch die Vernetzung in immer schnellerem Maße zunehmen wird. Es stellt sich die Frage, wie individuell wir in 100 Jahren noch entscheiden werden. Je leichter zugänglich und sachgerechter uns alle gewünschten Inhalte präsentiert werden, desto eher werden wir das aus Bequemlichkeit oder aus Angst vor Repressionen hinnehmen und nutzen. Darin besteht aber auch eine Gefahr. Geraten wir auf diesem Wege vielleicht dahin, wo uns George Orwell schon 1984 gesehen hat?

86 Welche Auswirkungen werden die Entwicklungen auf die Gesellschaft haben?

Möglicherweise verhilft der weltweite Zugang zu Informationen und Wissen den heute benachteiligten Menschen und Ländern zu mehr Teilhabemöglichkeiten am wirtschaftlichen Aufschwung. Bisher haben aber viele Erfahrungen gezeigt, dass Wissen Konflikte und Kriege oft nicht verhindern kann und dass sinnvolle Argumente oft überhört werden.

Es ist denkbar, dass sich die Menschheit global immer mehr aufspaltet in die gut Ausgebildeten, Wissenden und relativ Wohlhabenden und jene mit überschaubaren und standardisierten Fertigkeiten, die nicht daran teilhaben können und für ein geringes Einkommen als Dienstboten der bessergestellten Gruppe fungieren.

Dies wiederum könnte zu vermehrten sozialen Spannungen führen oder auch dazu, dass durch eine insgesamt bessere Ausbildung der Menschen in einem Land die einfacheren Tätigkeiten in Regionen abwandern, in denen ein hohes Angebot an weniger gut ausgebildeten Menschen verfügbar ist. Dies könnte einerseits den heute ärmeren Ländern helfen, ihre wirtschaftliche Situation zu verbessern. Andererseits könnte sich in den wohlhabenden Ländern, die zudem unter einem Bevölkerungsschwund leiden (werden), der Bedarf an Zuwanderung weiter verstärken und die Bevölkerung sich in einem Ausmaß internationalisieren, das heute noch kaum vorstellbar ist.

Ein Problem wird sich mit Sicherheit durch den Wegfall bestimmter Berufe stellen. Für alles, was sich automatisieren lässt, benötigt man allenfalls noch wenige ausgebildete Menschen, in vielen Fällen auch gar keine mehr. Speziell in den Bereichen Büro und Verwaltung, Verkauf und Service wird die Technik den Menschen vermehrt ersetzen. Management, IT-Berufe, der Ausbildungs- und Gesundheitsbereich werden weniger betroffen sein. Ob die zunehmende Wissensteilung, Vernetzung und die einfache Zugänglichkeit des Wissens und der Informationen im Endeffekt tendenziell zu einer Zunahme von Arbeitsplätzen oder aber zu einer Abnahme führt, ist heute noch kaum abzuschätzen.

Kapitel

9

87 Wird künstliche Intelligenz in der Lage sein, Wissensarbeit zu übernehmen?

»Künstliche Intelligenz« (KI) bezeichnet die automatisierte Nachbildung menschenähnlicher Intelligenz und ist ein Teilgebiet der Informatik.

Im Verständnis des Begriffs spiegelt sich oft die Vorstellung vom »Menschen als Maschine« wider, dessen Nachahmung sich die sogenannte starke KI zum Ziel setzt: Es geht ihr darum, eine Intelligenz zu erschaffen, die wie der Mensch kreativ nachdenken sowie Probleme lösen kann und die sich durch eine Form von Bewusstsein beziehungsweise Selbstbewusstsein sowie Emotionen auszeichnet. Die Ziele der starken KI sind nach Jahrzehnten der Forschung weiterhin visionär.

Im Gegensatz zur starken KI geht es der schwachen KI darum, konkrete Anwendungsprobleme zu meistern, zu deren Lösung nach allgemeinem Verständnis eine gewisse Form von »Intelligenz« notwendig zu sein scheint. So geht es der schwachen KI um die Simulation intelligenten Verhaltens mit Mitteln der Mathematik und Informatik, nicht um die Schaffung von Bewusstsein. Während die starke KI bis heute an ihrer philosophischen Fragestellung scheiterte, sind auf der Seite der schwachen KI in den letzten Jahren bedeutende Fortschritte erzielt worden. Hierzu zählen beispielsweise kognitive Systeme, Robotik, intelligente Suchfunktionen, Data Mining bzw. Big Data und Spracherkennung.

Um zu messen, ob eine Maschine eine dem Menschen gleichwertige Intelligenz simulieren kann, wurde von dem britischen Mathematiker und Informatiker Alan Turing der Turing-Test vorgeschlagen. Ein Mensch stellt per Terminal beliebige Fragen an einen anderen Menschen bzw. eine KI, ohne dabei zu wissen, wer jeweils antwortet. Der Fragesteller muss danach entscheiden, ob es sich beim Interviewpartner um eine Maschine oder einen Menschen handelte. Dieser Test wurde 2014 erstmalig von einem Computer erfolgreich absolviert. Dennoch ist man sich weitgehend einig darüber, dass die Ergebnisse nicht auf eine Intelligenz schließen lassen, wie sie der Mensch selbst besitzt.

Ray Kurzweil und andere Wissenschaftler sprechen von der »technological singularity«. Damit ist der Zeitpunkt gemeint, zu dem die KI die Intelligenz des Menschen übertrifft und dieser der Entwicklung nicht mehr folgen kann. Das Jahr 2040 wird als entsprechender Zeitpunkt prognostiziert.

Werden Technik und menschliches Gehirn vernetzbar?

Diese Vernetzung zwischen Gehirn und Technik ist schon heute teilweise möglich. Computer und das Nervensystem wachsen bereits zusammen.

Jüngste Erfolge gibt es beispielsweise bei der Verbindung zwischen dem menschlichen Gehirn und der Bewegung von Prothesen. So ist es heute bereits möglich, durch gezielte Gedanken Nerven im Gehirn anzuregen, deren Impulse von Sensoren aufgenommen und in Bewegungen – z.b. einer Handprothese – übersetzt werden. Ebenso weiß man durch immer genauere Diagnosemethoden, welche Gehirnregionen für welche Aktivitäten zuständig sind und versucht, diese mit externen Geräten zu verbinden.

Auch ist es durch die Nutzung von Sensoren möglich, menschliche Emotionen mit technischen Verfahren aufzugreifen und zu zeigen – der Lügendetektor ist in diesem Zusammenhang ein schon beinahe historisches Beispiel.

Was auf absehbare Zeit noch nicht möglich erscheint, ist die Erfassung des abstrahierenden Denkens des Menschen. Aber wir haben in der Vergangenheit immer wieder Überraschungen erlebt. Als Brücke zwischen diesen Positionen können beispielsweise die Steuerung von Geräten über Sensoren, die den Augenbewegungen folgen, oder auch die Spracherkennung betrachtet werden.

Beispiel Steuerung einer Prothese: Bei einer invasiven Computer-Hirn-Schnittstelle werden Elektroden in den Cortex implantiert, die die Hirnaktivität des Nutzers registrieren. Die so erfassten analogen Signale werden durch einen Konverter in digitale Information umgewandelt. Ein Computer liest die Hirndaten aus und übersetzt sie in Steuerbefehle. Diese sendet er an eine Maschine, die eine Prothese, einen Roboterarm oder eine Sprachausgabe kontrolliert. Über eine sensorische Rückkopplung (Rückmeldung) lernen gelähmte Menschen allmählich, allein mithilfe von Gedanken die Prothese zu steuern oder zu kommunizieren.

89 Wie werden sich Fortschritte in der Spracherkennung auswirken?

Die Spracherkennung dürfte einer der Trends sein, die sich am schnellsten entwickeln. Die menschliche Sprache als Bindeglied zwischen Gehirn und Gedanken und somit zur Außenwelt bietet den wohl besten Ansatz, die Gedanken des Menschen zu erfassen und in Aktionen umzusetzen.

Was vor ca. 30 Jahren erst in Ansätzen bestand und noch weitgehend als Utopie erschien, hat heute schon Einzug in die Technik gehalten. Ob es darum geht, über Spracherkennung Diktate zu erfassen, dem Auto oder seinem Smartphone Anweisungen zu geben, das Radio oder das Gebläse einzuschalten oder etwas bestimmtes bei Google zu suchen, all dies hat heute bereits massive Verbreitung gefunden. Diese Form der Spracherkennung wird weiter intensiv entwickelt und da die Geschwindigkeit der Sprache bei vielen Menschen der Geschwindigkeit ihres Denkens nahekommt, besteht hier aus heutiger Sicht ein enormes Potenzial, artikuliertes Wissen direkt festzuhalten bzw. mit der maschinellen Welt auf einfache Art und Weise zu kommunizieren.

Ein anderer Bereich, in dem sich Entwicklungen abzeichnen, ist die automatisierte Sprachübersetzung. Verbesserte Software und Miniaturisierung haben bereits die ersten kleinen markttreifen Geräte hervorgebracht, die es erlauben, in der Muttersprache zu sprechen, während ein Lautsprecher die Inhalte in einer Fremdsprache überträgt. Andersherum funktioniert es auch. Eine Fremdsprache kann durch eine Übersetzungssoftware bereits simultan in die Muttersprache übertragen werden. Sobald aber jeder mit jedem sprechen kann, unabhängig davon, welche Fremdsprachenkenntnisse er hat, könnte das dazu führen, dass Fähigkeiten, die wir mit Wissen gleichsetzen (z.B. Fremdsprachenkenntnisse), in Zukunft weniger relevant sein werden.

90 Wie wird sich die Arbeitsteilung zwischen Mensch und Maschine in Zukunft entwickeln?

Nachdem die Maschinen in den vergangenen zwei Jahrhunderten dem Menschen insbesondere körperliche Arbeit abgenommen haben, zeichnet sich dieser Trend nun vermehrt auch für kognitive und Wissensarbeit ab.

Es ist zu beobachten, dass Vorgänge, bei denen bisher der Mensch die Hauptrolle spielte, in immer kleinere Einheiten zerlegt werden. Diese kleinen, überschaubaren Einheiten können dann auch komplett durch eine Maschine (Computer) oder durch Menschen mit geringeren Fachkenntnissen erledigt werden. Speziell bei administrativen Aufgaben ist dies vermehrt der Fall. Wo bisher ein großes Aufgabenfeld von einer einzelnen Person bearbeitet wurde, die ein entsprechend großes Gesamtwissen über die Fachthematik haben musste, ist ein solches zur Erledigung kleiner Teilaufgaben nicht mehr notwendig. So kann in einem Unternehmen die Prüfung der Reisekostenabrechnungen durch jemanden erfolgen, der kein umfassendes Wissen des Rechnungswesens benötigt. Genauso verhält es sich mit vielen anderen Teilaufgaben.

Es ist also zu erwarten, dass ein Teil der Aufgaben direkt durch Maschinen erledigt wird, ein anderer Teil nur noch einer geringeren speziellen Kenntnis des Menschen bedarf, übergreifende, komplexe Aufgaben hingegen von Spezialisten bewältigt werden, die ein umfassendes Wissen auf einem oder gar mehreren Fachgebieten benötigen. Diese komplexen Aufgaben können auf absehbare Zeit nicht durch Maschinen übernommen werden.

Persönliches Wissensmanagement

10. Kapitel

91 Was ist persönliches Wissensmanagement?

92 Braucht jeder Arbeitnehmer persönliches Wissensmanagement?

93 Was sind die wichtigsten Handlungsfelder beim persönlichen Wissensmanagement?

94 Wie passen persönliches und organisationales Wissensmanagement zusammen?

95 Helfen Netzwerke beim persönlichen Wissensmanagement?

96 Welche Tools, Applikationen und Plattformen unterstützen persönliches Wissensmanagement?

97 Ist persönliches Wissensmanagement die Basis für lebenslanges Lernen?

98 Was unterscheidet persönliches Wissensmanagement von persönlichem Informationsmanagement?

99 Welche Verbindung besteht zwischen dem Bildungssystem und persönlichem Wissensmanagement?

100 Welche Beispiele für herausragendes persönliches Wissensmanagement gibt es?

91 Was ist persönliches Wissensmanagement?

Beim persönlichen Wissensmanagement geht es um die selbstbestimmte Handhabung des eigenen Wissens sowie um dessen Weiterentwicklung durch geeignete Lernprozesse. Das beschränkt sich nicht nur auf das berufliche Umfeld, sondern schließt das private mit ein.

Persönliches Wissensmanagement beginnt mit der Ordnung des vorhandenen Wissens und setzt sich fort mit der Analyse und Optimierung des eigenen Lernprozesses. Ziel des persönlichen Wissensmanagements ist es, die Entwicklung des individuellen Wissens zu steuern und die Nutzung zu fördern. Methoden, die das Wissen über das eigene Wissen, über Denkprozesse und Lernen sowie über das Problemlösen und Organisieren unterstützen, sind dabei essentiell. Zusätzlich gehört zum persönlichen Wissensmanagement auch die emotionale und motivationale Ebene in Form von Selbstreflexion [21].

Das persönliche Wissensmanagement startet üblicherweise mit einer Analyse der eigenen Kompetenzen, Stärken und Schwächen. In diese Bestandsaufnahme gehören auch persönliche Kontakte oder Mitgliedschaften in Netzwerken. An die Frage nach den eigenen Zielen schließt sich die Planung des Wissens- und Kompetenzaufbaus an. Die Frage nach dem Wie und Wann sollte beantwortet, die notwendigen Rahmenbedingungen für das Lernen sollten identifiziert werden.

Für die Umsetzung der eigenen Lernziele existieren eine Reihe von Methoden und Tools, die individuell bewertet und ausgewählt werden müssen. Exemplarisch seien hier Lerntagebuch, Information Mapping oder das Eisenhower-Prinzip genannt.

In einem Lerntagebuch dokumentiert und reflektiert der Lernende seinen Lernprozess, wobei das Format individuell verschieden sein kann. Mit Information Mapping lassen sich Informationen einfach strukturieren und in verschiedene Informationsarten unterteilen, um dadurch den Lernprozess zu vereinfachen, während das Eisenhower-Prinzip dazu dient, das persönliche Zeitmanagement zu verbessern.

92 Braucht jeder Arbeitnehmer persönliches Wissensmanagement?

Die Notwendigkeit persönlichen Wissensmanagements hängt stark vom beruflichen Umfeld und den Zielen eines Arbeitnehmers ab. Zumindest jeder Wissensarbeiter benötigt persönliches Wissensmanagement, um in seinem Beruf bestehen und erfolgreich sein zu können.

Als Analogie könnte persönliches Wissensmanagement mit der Pflege von Werkzeugen verglichen werden, wie sie noch heute in vielen Handwerksberufen Gang und Gäbe ist. Das Wissen ist das Werkzeug eines Wissensarbeiters und bedarf demzufolge genauso der Pflege wie handwerkliches Werkzeug. Pflege bedeutet hierbei eine kontinuierliche Aktualisierung und Weiterentwicklung gemäß den Anforderungen, die der Beruf stellt, sowie der eigenen beruflichen Ziele. Um höher dotierte Aufgaben übernehmen zu können, wird häufig spezielles Wissen benötigt. Ein Mitarbeiter, der eine Führungsposition anstrebt, sollte beispielsweise auch Kenntnisse in Betriebswirtschaft oder Strategieentwicklung haben, auch wenn er während seiner Ausbildung ein technisches Studium absolviert hat.

Aber nicht nur zu Karrierezwecken, sondern auch im normalen Berufsalltag ist es essentiell, sein Wissen weiterzuentwickeln. Es werden neue Tools oder Prozesse eingeführt, Aufgaben neu verteilt oder erweitert. Das bedeutet Einarbeitung, Adaption oder Umschulung, um in den veränderten Randbedingungen agieren zu können.

Von daher ist es für jeden Arbeitnehmer wichtig, im Zuge des persönlichen Wissensmanagements Klarheit über seinen aktuellen (Wissens-)Status zu erlangen, seine beruflichen Ziele zu definieren und die zu schließenden Defizite zu identifizieren. Auf dieser Basis ist es dann möglich, eine Lernplanung zu erstellen, die sowohl die Inhalte als auch das notwendige Zeitraster enthält.

93 Was sind die wichtigsten Handlungsfelder beim persönlichen Wissensmanagement?

Das persönliche Wissensmanagement beinhaltet hauptsächlich fünf Handlungsfelder: Zeitmanagement, Schlüsselqualifikationen, Lernstrategie, Sozialkompetenzen, Medienkompetenz.

Zeitmanagement ist das systematische Planen verfügbarer Zeit, damit sie für die wichtigen Dinge ausreicht. Somit schafft ein gutes Zeitmanagement die Basis für persönliches Wissensmanagement. Denn um vorhandenes Wissen zu erhalten und neues aufzubauen, benötigt man Zeit, die am besten in Form eines fixen Zeitsaldos zu regelmäßigen Terminen eingeplant werden sollte.

Schlüsselqualifikationen helfen beim Erwerb neuer Kompetenzen, beim Lösen von Problemen und sie sind nützlich im Umgang mit anderen Personen. Solche Schlüsselqualifikationen sind beispielsweise Leistungsbereitschaft oder strukturiertes Arbeiten. Deren Besitz oder Aneignung ist essentiell für persönliches Wissensmanagement und häufig der erste Schritt bei der Weiterqualifikation.

Lernstrategien sind das planvolle Vorgehen bei der bestmöglichen Aneignung von Wissen. Häufig besteht dieses aus einem Mix verschiedener Lerntechniken und Lernmethoden, die die individuellen Präferenzen am besten abdecken. Das können Elemente wie Selbsttests, Warum-Fragen, aber auch Entspannungsübungen oder die aktive Wiedergabe sein. Abhängig vom eigenen Lerntyp, z.B. visuell oder akustisch, muss jeder seinen eigenen Methodenmix entwickeln.

Sozialkompetenzen werden häufig auch als »Soft Skills« bezeichnet und sind notwendig für ein Interagieren mit anderen. Dies umfasst unter anderem eine Reihe von Fertigkeiten wie Belastbarkeit, Kritikfähigkeit, Durchsetzungsfähigkeit oder Beziehungsmanagement. Von den sozialen Kompetenzen hängt es im Beruf oft ab, ob die fachlichen Kompetenzen richtig eingesetzt und zur Geltung gebracht werden können.

Medienkompetenz ist in der heutigen Zeit auch für das persönliche Wissensmanagement wesentlich. Darunter versteht man einen geübten und bewussten Umgang mit Medien verschiedenster Art. In erster Linie geht es um die entsprechende Nutzung und Gestaltung der Medien. Neben den »klassischen« Medien wie Bücher, Zeitschriften oder Fernsehen seien hier vor allem die »neuen« Medien wie Internet, Social Media, aber auch die Erstellung von audiovisuellen Informationen (z.B. Podcasts) genannt.

94 Wie passen persönliches und organisationales Wissensmanagement zusammen?

Persönliches Wissensmanagement kann und sollte die Basis für organisationales Wissensmanagement sein. Wenn das gelingt, verstärken die persönlichen Ziele der Mitarbeiter die übergeordneten Ziele einer Organisation in idealer Weise.

Organisationales Wissensmanagement hat das Ziel, den Wissensstand und den Wissensbedarf in einem Unternehmen fortwährend zu prüfen und zu aktualisieren. Durch geeignete Methoden und Strategien sind die Prozesse des Wissenserwerbs, Wissenserhalts und der Wissensweitergabe nachhaltig zu fördern. Dazu existiert eine Vielzahl von Methoden wie beispielsweise Lerntandems, Expert-Debriefing oder Brainwriting. Auch beim organisationalen Wissensmanagement stehen immer die Mitarbeiter mit ihren spezifischen Kompetenzen, Erfahrungen und ihrem Know-how im Mittelpunkt.

Im Sinne einer erfolgreichen Personalentwicklung und zur Erhöhung der Mitarbeiterbindung müssen die individuellen Lernziele berücksichtigt werden. Eine strukturierte Erhebung und ein regelmäßiger Abgleich sorgen für die notwendige Transparenz und erlauben eine systematische und bedarfsorientierte Kompetenzentwicklung. Im Idealfall ergibt sich daraus ein Rahmen, der vom Unternehmen und vom Mitarbeiter gleichsam gefüllt wird. Denn wo sich persönliches und organisationales Wissensmanagement ergänzen, wird es für beide Seiten leichter, den geplanten Kompetenzaufbau tatsächlich zu erreichen.

Auch auf der »operativen« Ebene bringt die Verbindung von interessengetriebenem persönlichem und geschäftszielgetriebenem organisationalem Wissensmanagement Vorteile. In einer Zeit, in der die Mitarbeiterautonomie immer mehr zunimmt, ist es sehr hilfreich, persönliche Tools in organisationale Strukturen und Prozesse einzubinden. So kann beispielsweise die Nutzung persönlicher »Notizzettel«, in welcher Form sie auch immer vorliegen mögen, das zugängliche Wissen für alle erweitern. Wenn für solche Notizen ein firmeninternes Wiki angeboten wird, ist auch eine einfache IT-technische Integration möglich.

Kapitel

10

95 Helfen Netzwerke beim persönlichen Wissensmanagement?

Netzwerke sind ein wichtiges Instrument, um einfacher an die richtigen Informationen zu gelangen, Wissensträger zu identifizieren und den Austausch zu fördern. Durch die Zusammenarbeit ergibt sich eine Vertrauensbasis, die die Beurteilung der Qualität von Informationen erleichtert.

Im Internet gibt es heute Foren zu vielen Interessengebieten und Fragestellungen. Dabei werden sowohl freizeitorientierte (Motorradtips, Backrezepte etc.) als auch wissenschaftliche Themen wie 3D-Druck oder auch Wissensmanagement abgedeckt. Die Kunst besteht oft darin, die richtigen, für seine Belange geeigneten Foren zu entdecken.

Als weitere Option besteht die Möglichkeit, auf einer Social Media-Plattform (z.B. Xing) ein Netzwerk mit seinem Interessenschwerpunkt zu gründen. Angesichts der Vielzahl der Mitglieder auf solchen Plattformen ist die Chance recht hoch, Interessierte für einen Austausch zu finden. Allein auf Xing existieren beispielsweise über 50.000 Netzwerke.

Wem dieses Vorgehen zu unsicher oder zu langwierig ist, der kann in Zeiten des Web2.0 auch einfach seinen eigenen Blog starten. Ein Blog dient dazu, Erkenntnisse, Erfahrungen, Meinungen oder Thesen im Internet zu veröffentlichen, diese zu kommentieren und mit anderen in Diskussionen zu treten. Ziel ist dabei natürlich auch, auf diesem Weg Kontakte zu finden und zu pflegen und die eigenen Blogbeiträge ggf. mit denen der Kontakte zu verlinken.

Letztlich liegt es an jedem selbst, wie viel ihm ein Netzwerk bringt. Es hat sich gezeigt, dass die aktiven Teilnehmer in einem Netzwerk in der Regel mehr Nutzen daraus ziehen als die passiven. Das bedeutet, je stärker man sich einbringt, Diskussionen anstößt und Informationen bereitstellt, desto mehr beeinflusst man die Aktivitäten in seinem Sinne und desto größer sind auch die Chancen, ein funktionierendes Netzwerk mit Gleichgesinnten zu etablieren.

96 Welche Tools, Applikationen und Plattformen unterstützen persönliches Wissensmanagement?

Tools zum persönlichen Wissensmanagement sind meist Hilfen zur Selbstorganisation bzw. Organisation des eigenen Wissens und Lernens. Von daher ist die Bandbreite möglicher Hilfsmittel sehr groß. Es können im Folgenden nur einige exemplarisch genannt werden:

Planungswerkzeuge sind Tools, die die Planung und Verwaltung persönlicher oder beruflicher Lernaktivitäten unterstützen. Sie helfen dabei, sich selbst und damit auch die einzelnen Lernschritte zu organisieren. Das können einfache Excel-Tabellen sein, in denen Lerninhalte und Zeitfenster festgelegt werden, oder auch Lerntagebücher, in denen der Lernfortschritt verfolgt wird. Und natürlich stellen auch die meisten heute genutzten IT-gestützten Büroanwendungen wie MS Outlook oder Google Kalender Tools zur Aufgabenverfolgung zur Verfügung.

Durch die Verlagerung von Lehraktivitäten ins Internet existiert eine Reihe von **Lernplattformen**, die zunächst universitär ausgelegt waren, heute aber häufig für alle offen sind. Es gibt Angebote mit hauptsächlich universitären Inhalten – wie beispielsweise die Khan Academy, cursera oder edX. Aber auch Unternehmen wie die Firma SAP bieten inzwischen kostenlose »Online Trainings« oder Webinare an, in denen sich jeder mit speziellem Wissen versorgen kann. Natürlich dürfen bei dieser Aufzählung auch die weit verbreiteten Plattformen wie YouTube oder Wikipedia nicht fehlen, auf denen sich Informationen zu vielen Themen finden lassen.

Auch **Netzwerkplattformen** können eine wichtige Rolle beim persönlichen Wissensmanagement spielen. Die Komponente des gemeinsamen Lernens, der Zusammenarbeit und des Austausches wird am besten durch soziale Medien unterstützt. Facebook, Twitter, aber auch Xing oder LinkedIn ermöglichen die einfache Kontaktaufnahme, das Zusammenschließen zu Gruppen und den Austausch untereinander. Doodle und Dropbox sind einfache Tools zur Abstimmung bzw. zum Austausch von Dateien beliebiger Art.

Lernmethoden helfen dabei, sich Inhalte besser merken und diese leichter abrufen zu können. Sie geben dem Lernenden meist eine Systematik an die Hand, die die Spezifika des menschlichen Gehirns berücksichtigen und den Prozess des Denkens unterstützen. Dazu gehören Methoden wie die ALMUT-Methode von J. Voigt [22], die ABC-Listen Methode nach Birkenbihl [23], aber auch das Mind-Mapping oder einfache Karteikastensysteme.

97 Ist persönliches Wissensmanagement die Basis für lebenslanges Lernen?

Die Herausforderungen der heutigen Berufswelt kann ein Wissensarbeiter nur bestehen, wenn er seine Kompetenzen nachhaltig pflegt. Um zu erkennen, wo er welche Wissensdefizite hat, muss er eine klare Vorstellung von seinen Zielen und seiner vorhandenen Expertise haben. Beides sind essentielle Bausteine des persönlichen Wissensmanagements.

Das Wissen, welches sich ein Wissensarbeiter in der Schul- und Ausbildungszeit angeeignet hat, reicht heute nicht mehr, um die berufliche Laufbahn zu bestehen oder gar zu gestalten. Schon unmittelbar nach dem Einstieg ins Berufsleben beginnt die sogenannte Weiterbildung, in der Regel in Form von Seminaren, Trainings oder Konferenzen.

Heutzutage nimmt aber die Bedeutung individuellen Lernens immer mehr zu. Individuell heißt hier vor allem, in Bezug auf Inhalte, Ort und Zeit auf den Einzelnen zugeschnitten, es bedeutet aber auch, dass der Wissensarbeiter seinen Lernbedarf selbst identifizieren und die Maßnahmen zum Wissenserwerb selbst planen muss. Dabei ist Lernen nicht nur an bestimmte Lernangebote gebunden, sondern kann, je nach Präferenz, auch in virtuellen Netzwerken oder Arbeitsgruppen stattfinden.

Somit gehen lebenslanges Lernen und persönliches Wissensmanagement Hand in Hand. Lebenslanges Lernen bedeutet, das eigene Wissen kontinuierlich anzupassen und zu erweitern, persönliches Wissensmanagement liefert die Basis dazu. Nur dadurch ist es dem Wissensarbeiter möglich, seine persönliche Orientierung, seine Beschäftigungsfähigkeit und damit seine gesellschaftliche Stellung zu erhalten.

98 Was unterscheidet persönliches Wissensmanagement von persönlichem Informationsmanagement?

Im Gegensatz zum persönlichen Wissensmanagement geht es beim persönlichen Informationsmanagement hauptsächlich um die Organisation der Informationen und der Informationsquellen.

Dabei muss grundsätzlich zwischen **Push-Informationen** und **Pull-Informationen** unterschieden werden. Push-Informationen sind Informationen, die man ohne vorherige Nachfrage erhält, also beispielsweise Newsletter oder auch E-mails. Sie benötigen eine adäquate Kanalisierung und Filterung, um einen »Information Overload« zu vermeiden. Anders bei den Pull-Informationen, die man in der Regel kurzfristig zur Erledigung einer Aufgabe benötigt. Hier stellt sich meist die Frage, wo entsprechende Informationen zu finden sind und wie hochwertige Informationen von weniger substantiellen unterschieden werden können.

Sowohl bei Push- als auch bei Pull-Informationen gilt es immer, die Fülle von Informationen zu filtern und damit zu reduzieren, auszuwerten und zu komprimieren, damit der Überblick und die Auffindbarkeit gewährleistet bleiben. Diese Aufgabe ist nur durch den Einsatz adäquater Methoden und meist auch von IT-Tools zu meistern. Neuere Social Media-Funktionalitäten wie beispielsweise das Tagging sind hier eine große Hilfe. Beim Tagging werden Informationseinheiten (beispielsweise Dateien) beliebige Schlüsselworte zugeordnet, die eine Mehrfachkategorisierung ermöglichen. Alternativ kann ein eigenes Verzeichnis der vorhandenen Informationen, beispielsweise auf Basis eines Wikis, erstellt werden.

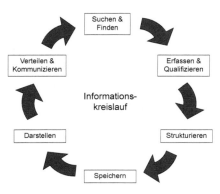

Abb. 10.1: Informationskreislauf

99 Welche Verbindung besteht zwischen dem Bildungssystem und persönlichem Wissensmanagement?

Die Basis für ein selbstverantwortliches, lebenslanges Lernen muss in der Schulzeit gelegt werden. Das Bildungssystem ist hier in der Pflicht, entsprechende Fähigkeiten und Fertigkeiten zu fördern und zu unterstützen.

Das Bildungssystem in der Bundesrepublik Deutschland darf mit gutem Gewissen als antiquarisch bezeichnet werden. Die föderale Verantwortung führt dazu, dass Abschlüsse an weiterführenden Schulen nicht einheitlich sind und nicht in jedem Bundesland gleich gewertet werden. Hinzu kommt in den letzten Jahren die Diskussion um das G8/G9-Abitur, bei der es weniger um die Inhalte als um den zeitlichen Faktor der Schulausbildung geht.

Damit sind die Lehrpläne und das zu vermittelnde Wissen von Bundesland zu Bundesland sehr unterschiedlich. Von daher ist es schon in jungen Jahren für Schüler wichtig, das Lernen zu lernen. Anders als staatliche Schulen setzen reformpädagogische Schulen auf selbstorganisiertes Lernen und vermitteln entsprechende Schlüsselkompetenzen.

Das selbstbestimmte und selbstverantwortliche Lernen, auch freies Lernen genannt, basiert auf einer Wahlfreiheit, was die Inhalte und Lernzeitpunkte betrifft. Lehrer werden dabei zu Beratern, die Hilfestellungen zum Selbstlernen geben und gegebenenfalls auf wichtige Lerninhalte hinweisen. Der Lernende hat die Chance, auf Basis seiner Fähigkeiten und Kompetenzen seine Lernentwicklung selbst zu planen. Durch den Austausch in Lerngruppen wird der Aspekt des Vergleichs mit anderen, der Vernetzung und gegebenenfalls des Arbeitens an gemeinsamen Projekten gefördert.

Damit werden im freien Lernen die Schlüsselqualifikationen für persönliches Wissensmanagement oder auch lebenslanges Lernen vermittelt. Dies erscheint wichtiger und nachhaltiger als die heute weit verbreitete Vermittlung von Lernstoff mit teilweise begrenztem Nutzen. Vor allem erleichtert es dem Lernenden, sich im Berufsleben zu orientieren, Selbstverantwortung zu übernehmen und nachhaltig den eigenen Wert zu steigern.

100 Welche Beispiele für herausragendes persönliches Wissensmanagement gibt es?

Stellvertretend für viele andere seien hier nur zwei herausragende Persönlichkeiten genannt, Peter F. Drucker und Steve Jobs.

Peter F. Drucker war US-amerikanischer Ökonom und Protagonist des modernen Managements. In seinen Veröffentlichungen nahm er immer wieder Bezug auf die Notwendigkeit des Wissensmanagements als integralem Bestandteil der Managementaufgaben.

Auch persönlich machte er sich die Prinzipien des Wissensmanagements zu eigen. Zu Beginn seiner beruflichen Laufbahn als Journalist erkannte er die Notwendigkeit, über ein breites Wissen zu verfügen. Deshalb nahm er sich alle drei bis vier Jahre ein Themengebiet vor, über das er etwas lernen wollte. Ein solches Thema konnte ebensogut japanische Kunst wie Wirtschaftswissenschaft sein. Das zwang ihn zur Offenheit neuen Ansätzen und neuen Methoden gegenüber und vergrößerte sein Allgemeinwissen ungemein.

Darüber hinaus führte er einmal jährlich eine Selbstreflexion durch. Dabei bewertete er seine Arbeit des vergangenen Jahres, analysierte seine positiven und negativen Erfahrungen und vorhandene Verbesserungspotenziale. Außerdem identifizierte er wichtige, von ihm vernachlässigte Themen. Auf dieser Basis legte er seine Themen und Prioritäten für das kommende Jahr fest.

Trotz seines abgebrochenen Hochschulstudiums ist **Steve Jobs** ein Paradebeispiel dafür, wie man durch konsequentes Verfolgen seiner Ziele, durch Kreativität und kontinuierliches Lernen im Beruf erfolgreich sein kann. Es war sein permanentes Streben, sein persönliches Wissen in das Unternehmen zu transferieren. Als Beispiel sei hier sein Wissen über Kalligrafie genannt, welches er sich in einem Kurs aneignete. Jahre später, als Apple den ersten Macintosh gestaltete, floss dieses Wissen in die Typografie ein, wodurch der Mac der erste Computer mit multiplen Schriftarten und Schriftarten mit proportionalem Abstand wurde.

Auch hatte Jobs früh erkannt, dass Innovationen durch Kreativität entstehen und dazu entsprechende Freiräume für die Mitarbeiter erforderlich sind. Er wird mit dem Ausspruch zitiert: »Innovation hat überhaupt nichts damit zu tun, wie viele Mittel du für Forschung und Entwicklung hast. (...) Es kommt auf die Menschen an, die du hast.« Bezüglich einer für Innovationen essentiellen Fehlerkultur sagte er: »Manchmal, wenn du Innovationen schaffst, machst du Fehler. Es ist das Beste, sie schnell zuzugeben und weiter an der Verbesserung deiner anderen Innovationen zu arbeiten.«

Wissensmanagement in der ISO 9001:2015

Hintergrund

Kurz nach dem Erscheinen der 1. Auflage dieses Bandes im September 2015 wurde zunächst die englische, anschließend die deutsche Fassung der ISO 9001:2015 veröffentlicht. Diese Norm ist eine der weltweit bedeutendsten Normen – und sie betont in ihrer neuen Ausgabe das Thema Wissensmanagement in besonderer Weise. Durch die neue ISO 9001:2015 wird deutlich, welch hohe Relevanz das Thema Wissensmanagement weltweit für Organisationen erhält → *Frage 2*. Deshalb haben wir uns dazu entschlossen, den Praxisbezug des Bandes »Wissensmanagement – 100 Fragen – 100 Antworten« nochmals deutlich zu erhöhen und im Hinblick auf die überarbeitete Norm dem Leser nicht nur einen interessanten Überblick über das Thema Wissensmanagement zu geben, sondern auch konkrete Anregungen, was auf welche Weise getan werden kann, um die neuen Anforderungen umzusetzen.

Die ISO 9001 ist eine der Normen, die von der »International Organisation for Standardisation«, kurz ISO, herausgegeben werden. Neben der ISO 9001 verfolgt eine Vielzahl weiterer Normen das Ziel, ein einheitliches und vergleichbares Qualitätsniveau von Unternehmen festzulegen. Alle Normen der ISO werden von internationalen Komitees erarbeitet und im Konsens beschlossen.

Die ISO 9001 »Qualitätsmanagement« ist dabei die erfolgreichste und meist zertifizierte ISO-Norm der Welt. Mit weitem Abstand folgt an zweiter Stelle die ISO 14001 »Umweltmanagement«. Alleine in 2014 wurden von der ISO 9001 weltweit über 1,1 Millionen Zertifikate ausgegeben. Für viele Unternehmen und Organisationen ist eine entsprechende Zertifizierung Voraussetzung für eine Auftragsvergabe an andere Unternehmen.

Standard	number of certificates in 2014	number of certificates in 2013	evolution	evolution in %
ISO 9001	1 138 155	1 126 460	11 695	1 %
ISO 14001	324 148	301 622	22 526	7 %
ISO 50001	6 778	4 826	1 952	40 %
ISO/IEC 27001	23 972	22 349	1 623	7 %
ISO 22000	30 500	26 847	3 653	14 %
ISO/TS 16949	57 950	53 723	4 227	8 %
ISO 13485	27 791	25 655	2 136	8 %
ISO 22301	1 757			
TOTAL	1 609 294	1 561 482	47 812	3 %

Abb. 1: ISO Survey 2014, Quelle: ISO

Die Revision ISO 9001:2015 löst die Version ISO 9001:2008 ab und soll den Anforderungen der Unternehmen, in zunehmend dynamischen Märkten zu agieren, gerecht werden.

Ein wesentliches Merkmal der neuen Norm, ist die neue »High Level Structure«, die einen einheitlichen Aufbau für alle Managementsystem-Normen festlegt. Ziel dabei ist es, bei der Abstimmung unterschiedlicher Normen für Einheitlichkeit zu sorgen. Will man die Anforderungen der Norm in der Praxis umsetzen, ist vor allem ein Faktor unverzichtbar: die Management Awareness. So wie die gesamte neue ISO 9001:2015 dem Management viel mehr Verantwortung beimisst und nicht den QMB (Qualitätsmanagement-Beauftragten) zum alleinigen Verantwortlichen für Qualität macht, ist speziell beim Wissensmanagement die uneingeschränkte und sichtbare Unterstützung des Managements notwendig → *Fragen 11, 21, 77*. Im Folgenden informieren wir über wesentliche Änderungen gegenüber der ISO 9001:2008 und gehen dann auf das Wissens- und das Kompetenzmanagement in der neuen Fassung der Norm ein. Informiert wird im Einzelnen darüber, wie eine Organisation das notwendige Wissen bestimmen, aufrechterhalten und zur Verfügung stellen kann. Nach Informationen zum Kompetenzmanagement stellen wir dar, wie sich die Anforderungen der Norm in die Praxis umsetzen lassen. Neben einer Beschreibung der Auswirkungen einer Einführung von Wissensmanagement erhalten Sie schließlich noch eine Liste nützlicher Instrumente für Wissensmanagement-Aufgaben.

Änderungen in der neuen ISO 9001:2015

Die ISO 9001:2015 wurde vollkommen neu strukturiert, ein direkter Vergleich mit der bisher gültigen ISO 9001:2008 ist somit nicht ganz einfach.

Einige wesentliche Änderungen ergeben sich in diesen Punkten:
- ⇨ Eine verbesserte Anwendbarkeit für Dienstleistungsorganisationen, aus »Produkte« wird »Produkte und Dienstleistungen«
- ⇨ Die Forderungen nach einem QM-Handbuch sowie einem Beauftragten der obersten Leitung (QMB) entfallen
- ⇨ Die Anforderungen an die Führung / das Management einer Organisation nehmen deutlich zu
- ⇨ Die Flexibilität der Nutzung der Dokumentation wird erhöht: »Dokumente und Aufzeichnungen« wird ersetzt durch »dokumentierte Information«
- ⇨ Risikobasiertes Denken wird grundsätzlich gefordert
- ⇨ Die reine Kundenorientierung wird durch Berücksichtigung verschiedener Interessensgruppen erweitert
- ⇨ Der prozessorientierte Ansatz wird gestärkt und klarer beschrieben, Prozesskennzahlen werden gefordert
- ⇨ Der PDCA-Zyklus wird für alle Prozesse explizit gefordert

Neben einer veränderten Betrachtung des Risikomanagements und des Stakeholdermanagements findet zudem das Wissensmanagement Einzug in das neue Normenwerk. Im Rahmen dieses Bandes beschränken wir uns nicht nur auf das »Wissensmanagement«, sondern betrachten auch das eng damit zusammenhängende »Kompetenzmanagement«, welches ebenfalls Eingang in die ISO 9001:2015 gefunden hat.

141

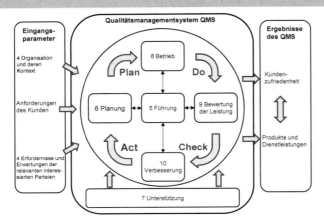

Abb. 2: Modell eines prozessorientieren (Qualitäts-) Management Systems mit Referenz zur Norm

Wissensmanagement in der ISO 9001:2015

Das Kapitel 7.1.6 der Norm beschäftigt sich unter der Überschrift »Wissen der Organisation« mit dem Umgang mit Wissen. Welche neuen Anforderungen an den Umgang mit dem Wissen der Organisation stellt die ISO 9001:2015? Wie sind diese zu verstehen? Und mit Hilfe welcher Instrumente, Methoden und Maßnahmen können sie erfüllt werden?

Überblick

Auszug aus der ISO 9001:2015
»7.1.6 Wissen der Organisation
Die Organisation muss das Wissen bestimmen, das benötigt wird, um ihre Prozesse durchzuführen und um die Konformität von Produkten und Dienstleistungen zu erreichen. Dieses Wissen muss aufrechterhalten und in erforderlichem Umfang zur Verfügung gestellt werden.
Beim Umgang mit sich ändernden Erfordernissen und Entwicklungstendenzen muss die Organisation ihr momentanes Wissen berücksichtigen und bestimmen, auf welche Weise jegliches notwendige Zusatzwissen und erforderliche Aktualisie-

rungen erlangt oder darauf zugegriffen werden kann.
ANMERKUNG 1 Das Wissen der Organisation ist das Wissen, das organisationsspezifisch ist; es wird im Allgemeinen durch Erfahrung erlangt. Es sind Informationen, die im Hinblick auf das Erreichen der Ziele der Organisation angewendet und ausgetauscht werden.
ANMERKUNG 2 Das Wissen der Organisation kann auf Folgendem basieren:
a) auf internen Quellen (z. B. geistiges Eigentum, aus Erfahrungen gesammeltes Wissen, Lektionen aus Fehlern und erfolgreichen Projekten, Erfassen und Austausch von nicht dokumentiertem Wissen und Erfahrung, die Ergebnisse aus Verbesserungen von Prozessen, Produkten und Dienstleistungen);
b) auf externen Quellen (z. B. Normen, Hochschulen, Konferenzen, Wissenserwerb von Kunden oder externen Anbietern).«

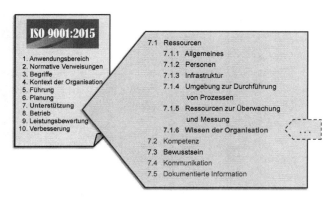

Abb. 3: *Wissensmanagement in der ISO 9001:2015*

Innerhalb der neuen ISO 9001 werden also vier grundlegende Forderungen an das Wissen einer Organisation gestellt → *Fragen 31, 32, 33, 34:*
- ⇨ In einem ersten Schritt ist das Wissen der Organisation zu identifizieren, das benötigt wird, um den Geschäftsbetrieb aufrecht zu erhalten.
- ⇨ Dieses Wissen gilt es zu bewahren und zu pflegen.
- ⇨ Weiterhin ist dieses Wissen im erforderlichen Umfang (den Mitarbeitern) zur Verfügung zu stellen.

⇨ Schließlich wird das Erlangen und der Zugriff auf jegliches Zusatzwissen durch sich ändernde Erfordernisse und Entwicklungstendenzen adressiert.

Bei konsequenter Umsetzung der Forderungen ergibt sich für Organisationen die Chance, die Organisation mittelfristig für zukünftige Herausforderungen zu wappnen und den Grundstein für eine lernende Organisation zu legen.

Rund um das Thema »Umgang mit Wissen« und »organisationales Lernen« zeigen sich in Unternehmen häufig folgende Probleme → *Fragen 12, 13, 15:*

⇨ Die Unternehmensstrategie ist nicht hinreichend präzise formuliert und somit ist nicht klar, welches Wissen für eine erfolgreiche Durchführung des Geschäfts notwendig ist.
⇨ Vorhandenes Wissen wird nicht genutzt und kann so nicht zur Wertschöpfung beitragen.
⇨ In den Prozessen kommt es aufgrund fehlender Informationen zu Doppelarbeit.
⇨ Die Kernkompetenzen des Unternehmens und die notwendigen sowie vorhandenen Kompetenzen der Mitarbeiter sind nicht beschrieben.
⇨ Wissen ist nicht explizit in die Prozessabläufe eingebunden.
⇨ Persönliches Wissen wird nicht öffentlich gemacht und geteilt.
⇨ Experten und Führungskräfte verlassen das Unternehmen, nehmen ihr Wissen mit und hinterlassen Wissenslücken.

Die neuen Anforderungen in der ISO 9001:2015 sollen die Unternehmen dabei unterstützen, den Umgang mit dem eigenen organisationalen Wissen zu verbessern und das Wissen der Mitarbeiter für die Organisation nutzbar zu machen.

So heißt es im Anhang A.7 der Norm:
A.7 Wissen der Organisation
In 7.1.6 behandelt diese Internationale Norm die Notwendigkeit, den Wissensstand zu bestimmen und zu steuern, der von der Organisation aufrechterhalten wird, um die Durchführung ihrer Prozesse sicherzustellen und dass sie die Konformität der Produkte und Dienstleistungen erreichen kann. Anforderungen in Bezug auf das Wissen der Organisation wurden aus folgenden Gründen aufgenommen:

a) Schutz der Organisation vor Wissensverlust, z. B.
- *aufgrund von Mitarbeiterfluktuation;*
- *durch Fehler beim Erfassen und Austausch von Informationen;*

b) Ermutigen der Organisation zum Wissenserwerb, z. B.:
- *Lernen aus Erfahrungen;*
- *Mentoring (Beratung);*
- *Leistungsvergleich*

Notwendiges Wissen bestimmen

Auszug aus der ISO 9001:2015

»Die Organisation muss das Wissen bestimmen, das benötigt wird, um ihre Prozesse durchzuführen und um die Konformität von Produkten und Dienstleistungen zu erreichen.«

Bedeutung

Diese Anforderung hat zunächst ganz operative Auswirkungen. Für die einzelnen Geschäftsprozesse ist das konkret benötigte Wissen zu identifizieren und dann zu gewährleisten, dass es dort auch zur Verfügung steht. Dies dient dazu, den laufenden Geschäftsbetrieb sicherzustellen. Die Anforderung hat aber auch eine strategische Dimension → *Frage 31*. Es reicht nicht, sich auf die aktuellen Prozesse zu beschränken, sondern es ist auch ein Blick in die Zukunft notwendig. Ausgehend von der Unternehmensstrategie und den Zielen der Organisation ist die Frage zu stellen, ob das notwendige Wissen, diese Strategie umzusetzen und die angestrebten Ziele zu erreichen, vorhanden ist → *Frage 22*. Dazu gehört eine Definition der aktuellen und zukünftigen Kernkompetenzen des Unternehmens, die sicherstellen, dass Produkte und Dienstleistungen ständig qualitativ hochwertig angeboten werden und so die Kundenanforderungen erfüllt werden können. Dies schließt auch die Frage ein, welches denn die Produkte und Dienstleistungen sind, die zukünftig vermarktet werden sollen.

Umsetzung

Aber weiß die Organisation überhaupt, welches Wissen sie benötigt? Dieses Problem muss primär gelöst werden. Eingeschwungene und erfolgreiche Prozesse garantieren noch keinen dauerhaften Erfolg. Folgende Fragen müssen beispielsweise gestellt werden: Wissen wir, was wir wissen? Wie anfällig ist das System gegen einen Wissensverlust? Welches Wissen steht explizit zur Verfügung und welches (nur) implizit? Ist bekannt, wo welche Mitarbeiterinnen und Mitarbeiter mit welchem spezifischen Wissen tätig sind? Verfügen die Mitarbeiter über das erforderliche Wissen für die Produktion und die Vermarktung der Produkte und Dienstleistungen und können sie mit der zunehmenden Komplexität umgehen?

Bestehende Prozesse enthalten häufig ein hohes Maß an Wissen. Es gibt Gründe dafür, dass sie so sind, wie sie sind. D.h. aber nicht immer, dass sie den aktuellen und zukünftigen Anforderungen auch gerecht werden. Ein Teil des Wissens kann schnell veralten und verliert somit an Wert. Insofern ist es wichtig, dass eine Methodik vorhanden ist und angewendet wird, die existierende Prozesse regelmäßig auf ihre Tauglichkeit sowie den vorhandenen und notwendigen Wissensstand prüft.

In Anmerkung 2 zu Kapitel 7.1.6 wird ausgeführt:
Das Wissen der Organisation kann auf Folgendem basieren:
a) auf internen Quellen (z. B. geistiges Eigentum, aus Erfahrungen gesammeltes Wissen, Lektionen aus Fehlern und erfolgreichen Projekten, Erfassen und Austausch von nicht dokumentiertem Wissen und Erfahrung, die Ergebnisse aus Verbesserungen von Prozessen, Produkten und Dienstleistungen);

Es geht also darum, sowohl existierende Prozesse zu verbessern (das Thema PDCA wird in der Norm an vielen Stellen immer wieder angesprochen), als auch um Verbesserungen von Produkten und Dienstleistungen. Das zielt nicht nur auf das existierende Produktportfolio, sondern eben auch auf ein zukünftiges Angebot, mit dem sich die Anforderungen und Erwartungen der Kunden befriedigen lassen. Ein Angebot, das das Fundament der längerfristigen Geschäftstätigkeit des Unternehmens erhalten soll. Wissen wir, was wir wissen müssen? Wie wichtig das im Informationszeitalter ist, zeigen zahlreiche Beispiele, die erkennen lassen, wo

Unternehmen den Zug der Zeit und wichtige Entwicklungen verpasst haben und einen Rückstand zum Wettbewerb nicht mehr aufholen konnten. Gut aufgestellt sind Unternehmen, die vorausdenken und sich frühzeitig auf Entwicklungen einstellen oder noch besser Entwicklungen maßgeblich treiben.

Zur Inventur des vorhandenen Wissens bieten sich Instrumente an wie Wissensportfolio, Wissenslandkarte → *Frage 37*, Prozessaudit, wissensorientierte Prozessanalyse, Benchmarking, Erfolgsfaktorenanalyse, Mitarbeiterbefragung, Projekt-Reviews → *Frage 58*, Workshops, Auswertungen aus einem Data Warehouse, persönliche Kommunikation sowie verschiedene Methoden zur Explizierung des implizit vorhandenen Wissens.

Für die Feststellung des zukünftig notwendigen Wissens ist zunächst eine übergeordnete Unternehmensstrategie wichtig → *Frage 22*. Instrumente zur Definition sind eine wissensorientierte Strategieentwicklung, Balanced Scorecard und eine Fortführung einiger der im vorherigen Absatz genannten Instrumente. Ein sehr bewährtes und wirkungsvolles Instrument, das in mehreren Phasen eingesetzt werden kann, ist die »Wissensbilanz – Made in Germany«.

Dies ist eine speziell für KMU entwickelte Methode, um festzustellen, welches Wissen das Unternehmen überhaupt benötigt, welches Wissen es bereits hat, welches Wissen somit fehlt und welche Maßnahmen zur Erlangung dieses Wissens durchzuführen sind. Die Wissensbilanz ist ein grundlegendes Instrument für die systematische Erfassung der Verwendung von intellektuellem Kapital, dessen erfolgreiche Umsetzung im Mittelstand das vom BMWi geförderte Projekt aufgezeigt hat.

Konsequenzen

Aktuell und zukünftig benötigtes Wissen zu bestimmen ist der notwendige erste Schritt beim Einsatz von Wissensmanagement. Dieser Schritt versetzt Unternehmen in die Lage, Risiken für die Geschäftsentwicklung frühzeitig zu erkennen und Gegenmaßnahmen einzuleiten. Die Umsetzung der Unternehmensziele wird dadurch unterstützt, dass das vorhandene Wissen tatsächlich erkannt und systematisch ein Zugang zu diesem Wissen geschaffen wird, der der gesamten Organisation – oder ausgewählten Organisationsteilen, die auf dieses Wissen zugreifen können müssen – zur Verfügung steht. Dies kann dazu beitragen, für den Zukauf von Leistungen oder den Kompetenzaufbau potenziell anfallende Kosten zu reduzieren oder zu vermeiden → *Frage 61*.

Wird dieser Zugang versäumt, ergibt sich die Gefahr, dass eine Organisation sich nicht kontinuierlich weiter entwickeln kann. In Zeiten, in denen die »Digitale Transformation« nicht nur ein Hype ist, sondern im Hinblick auf Flexibilität und Vernetzung in den Arbeitsabläufen bereits in vielen Unternehmen Eingang gefunden hat, ist eine Berücksichtigung des notwendigen Wissens, um diese neue Komplexität beherrschbar zu machen, essentiell.

Wissen aufrechterhalten

Auszug aus der ISO 9001:2015
»Dieses Wissen muss aufrechterhalten und in erforderlichem Umfang zur Verfügung gestellt werden.«

Dieser Abschnitt der Norm wird hier aus systematischen Gründen in zwei Kapiteln behandelt, in diesem Kapitel sowie im Abschnitt »Wissen zur Verfügung stellen«.

Bedeutung

Das Wissen, das als relevant bzw. notwendig bestimmt wurde, muss aufrechterhalten werden. Der Begriff »aufrechterhalten« impliziert dabei mehr als ein reines Bewahren, »aufrechterhalten« bedeutet auch, das Wissen aktuell und valide zu halten, d.h. auch kontinuierlich weiterzuentwickeln → *Frage 32*. Der Organisation muss bewusst sein, wo Wissenslücken (z. B. bei Fluktuation von Wissensträgern) entstehen oder entstehen könnten und wie diese geschlossen werden können. Wie das Wissen konkret aufrechtzuerhalten ist, gibt die Norm nicht vor. So kann Wissen durch Dokumentation bewahrt werden, aber auch durch eine Verteilung auf mehrere Wissensträger.

Im Annex A7 »Wissen der Organisation« ist beschrieben, dass es der Organisation selbst obliegt, ein für sie sinnvolles Gleichgewicht zwischen dem Wissen, das durch kompetente Personen in die organisationale Wissensbasis einfließt (personales Wissen) und Wissen, das über andere Medien (externalisiertes Wissen) verfügbar gemacht wird, herzustellen. Es geht in der Norm also nicht um eine forcierte Wissensdokumentation und ein daraus folgendes Informations- und Dokumentenmanagement, sondern vielmehr um eine für die spezifische Situation der Organisation sinnvolle Steuerung aller Wissensressourcen, die für das Erzielen der Produkt- bzw. Dienstleistungskonformität relevant sind → *Frage 13*.

Verfügt das Unternehmen über Methoden, erkanntes Wissen auch zu explizieren und somit die Bindung an die jeweiligen Personen zu lösen, um es später anderen Mitarbeiterinnen und Mitarbeitern zugänglich zu machen? Werden diese Methoden auch regelmäßig und systematisch angewendet? Wird dafür Sorge getragen, dass das Wissen ausscheidender Mitarbeiter rechtzeitig und möglichst zielgerichtet erfasst und/oder übertragen wird?

Organisationen müssen Wege finden, relevantes Wissen bei Ausscheiden von Fach- und Führungskräften nachhaltig zu sichern. Erst das Erfahrungswissen ermöglicht es, die Arbeit effizient und in der geforderten Qualität zu leisten. Risiken, Fehler und Probleme können dann rechtzeitig erkannt und bewältigt werden.

Oft besteht keine ausreichende Klarheit darüber, welches Wissen welche Bedeutung für das Unternehmen hat, wer tatsächlich über dieses Wissen verfügt und wann jemand aus dem Unternehmen ausscheiden wird. Ausscheidende Experten verlassen das Unternehmen und nehmen ihr Erfahrungswissen mit. Den Nachfolger kostet es sehr viel Zeit und Aufwand, denselben Stand an Erfahrungswissen zu erlangen. Deshalb ist es auch aus ökonomischer Sicht sinnvoll, vorhandenes Erfahrungswissen zu sichern, zu nutzen und in die Organisation zu transferieren → *Frage 34*.

Umsetzung

Wissen aufrechtzuerhalten kann auf vielfältige Weise geschehen. Ein gutes Beispiel für das Aufrechterhalten von Wissen sind F&E-Aktivitäten. Wissen wir, wo wir unser Wissen finden? Sind Prozessbeschreibungen und Richtlinien für alle leicht auffindbar und zugänglich? Was unternimmt das Unternehmen, um vorhandenes Personal zu befähigen, Forschungen und Entwicklungen möglichst effizient voranzutreiben? Gibt es hierfür sinnvolle Prozesse und Tools? Herrscht ein Klima der Offenheit gegenüber neuen Ideen und wird es dem Personal leicht gemacht, sich zu äußern und mit anderen Mitarbeiterinnen und Mitarbeitern auszutauschen?

Gibt es informelle Zirkel, in denen sich die Mitarbeiter über verschiedene Themen verständigen können? Fördert die Geschäftsleitung solche Aktivitäten?

Es gibt eine Vielzahl von Instrumenten, um Wissen aufrechtzuerhalten: Eher personenbezogene Instrumente sind persönliche Kommunikation, organisierter Wissenstransfer bei Mitarbeiterwechsel, Expert-Debriefing, Coaching, Partnering, Mentoring, Q-Zirkel, Netzwerke, Expertenkreise, Dienstbesprechungen, Job Rotation etc.

Weiterhin helfen Prozessbeschreibungen, Verfahrens- und Arbeitsanweisungen, Produktdokumentationen, Checklisten, Best Practices, Lessons Learned → *Frage 36,* sowie Informationsflusspläne.

Zunehmend wichtiger geworden sind IT-Systeme → *Frage 42,* wie Unternehmens-Wikis, Content Management-Systeme, Kollaborationsplattformen, Dokumentenmanagement-Systeme, Expertenprofile auf Gelben Seiten → *Frage 38* und ähnliche, die den Zugang zu internem Wissen erleichtern und die Sammlung und Weitergabe von Wissen deutlich vereinfachen.

Wissen aufrechterhalten umfasst mehrere Einzelelemente, die in diesem Band beschrieben werden → *siehe Kapitel 4.* Auf diese Elemente wird im nachfolgenden nochmals spezifisch eingegangen.

Wissenssicherung

Nicht jeder Wissensverlust ist für die Organisation gleichermaßen kritisch. Rein strategisch sollte zuerst das Risiko des Wissensverlustes ermittelt werden: Wie absehbar ist der Austritt eines Mitarbeiters, wie kritisch ist sein Wissen und wie schnell kann seine Position durch eine neue Person wieder besetzt werden? Bestehen in Unternehmen Mechanismen, um den Wissensverlust durch Fluktuation zu begegnen? Werden gezielt Methoden zur Wissenssicherung, beispielsweise das Explizieren, angewandt? → *Frage 34*

Wissenstransfer

Als Gegenstück zum Explizieren von Wissen ist das Implizieren anzusehen. Die älteste Methode, Wissen gleichzeitig zu explizieren und zu implizieren ist die Meister-Lehrling-Systematik → *Frage 26.* Wissensgeber und Wissensempfänger arbeiten eng zusammen, der Transfer des Wissens geschieht so fast automatisch. Diese Methode ist sehr wirkungsvoll, weil sie der menschlichen Natur des Nachahmens folgt. Leider funktioniert sie heute in größeren Organisationen aus verschiedenen Gründen (Reorganisationen, Personalwechsel, veränderte Stellenprofile, mangelnde Zeit beim Wissensgeber) häufig in dieser Form nicht mehr. Am nächsten kommen dieser Methode Coaching- und Mentoring-Modelle, bei denen neuen Mitarbeitern ein Erfahrungsträger zur Seite gestellt wird, der allgemein berät und punktuell bei gezielten Fragen zur Verfügung steht. Entweder verfügt er selbst über das gefragte Wissen oder er kennt andere Personen, die weiterhelfen können. Die Effizienz eines Wissenstransfers kann noch gesteigert werden, wenn der Prozess systematisch und strukturiert abläuft und durch eine neutrale Person moderiert wird → *Frage 33*.

Weitere Möglichkeiten, Wissen zu implizieren sind natürlich Trainings. Dies wird im Kapitel »Wissen verteilen« angesprochen.

Wissen speichern

Um das Wissen aufrecht zu erhalten, muss es entsprechend gespeichert werden. Die Speicherung von Wissen ist im Gegensatz zur Nutzung dieses Wissens heute die geringere Herausforderung. Wissen kann in Personen »gespeichert« werden, indem diese etwas dazu lernen, in Dokumenten oder in IT-Systemen. Sinnvoll ist meist eine Mischung aus allen Elementen. Wichtige Fragen, die sich eine Organisation stellen sollte, sind: In welcher Form wird expliziertes und/oder erzeugtes Wissen im Unternehmen gespeichert, sodass es unabhängig von Wissensträgern (Personen) auch später identifizierbar ist und anderen verfügbar gemacht werden kann? Gibt es unterstützende IT-Lösungen (Hard- und Software) sowie angemessene Zugänge für die Mitarbeiter dazu? Wird die Nutzung vorhandenen Wissens auch durch das Management systematisch gefördert? → *Frage 46*

Wissen pflegen

Dieser Punkt wird gerne vergessen, ist aber von außerordentlicher Wichtigkeit: Wissen ist auch regelmäßig auf dessen Gültigkeit zu prüfen. Wie ein Lebensmittel, das verderben kann, kann Wissen schnell überholt sein. Wenn ein Unternehmen auf veraltetes Wissen zurückgreift, können gravierende Risiken entstehen. Insofern ist es wichtig, zumindest relevantes Wissen regelmäßig mit einer gewissen Systematik zu überprüfen und ungültig gewordene Informationen zu löschen bzw. mit entsprechenden Anmerkungen zu versehen. Ist in dem Unternehmen ein Prozess vorhanden, der die Aktualität von Wissen und Informationen zuverlässig überprüft? Werden ungültig gewordene Informationen aussortiert? Werden Informationen mit einem Zeitstempel versehen und damit automatisch eine Überwachung der Gültigkeit angestoßen?

Konsequenzen

»Wissen« zu sammeln bzw. aufrechtzuerhalten an sich ist eine gute Sache. Berufserfahrung von Personen entsteht ja auch durch das Sammeln und Aufrechterhalten von Wissen. Meist reguliert es sich beim Menschen von selbst, welches Wissen er als relevant betrachtet und welches Wissen eher unwichtig ist und er vergisst. Ein Teil des Wissens wird so stark implizit, dass es in »festen« Verbindungen im Gehirn gespeichert ist und es dem Menschen gar nicht mehr bewusst ist. Anderes Wissen muss gezielt abgerufen werden.

Auf der anderen Seite kann ein Überangebot von Informationen bei Menschen zu einer verminderten Entscheidungs- oder Entschlussfähigkeit führen. (»Information Overflow« → *Frage 9* – den Wald vor lauter Bäumen nicht sehen können) Ebenso besteht das Risiko, aus den angebotenen Informationen nicht die richtigen auszuwählen, die man wirklich sinnvoll benötigt.

In IT-gestützten Wissensmanagementsystemen zählt es zu den großen Herausforderungen, das gespeicherte »Wissen« immer wieder einer kritischen Prüfung auf Aktualität zu unterziehen. Eine gelegentlich zu beobachtende »Sammelwut« bei dem Befüllen neu erstellter »Wissensspeicher« kann dazu führen, dass zu viele irrelevante Informationen gespeichert werden, die später gezieltes Suchen und somit die Nutzung erschweren. Aber auch das Gegenteil kann der Fall sein: Es dauert viel zu lange, bis sich Mitarbeiterinnen und Mitarbeiter dazu aufraffen, ihr Wissen weiterzugeben und es in solchen IT-Systemen abzulegen. Werden solche Systeme nicht von Anfang an systematisch aufgesetzt und gepflegt, droht Wildwuchs. Die Arbeit wird nicht erleichtert, sondern erschwert. Schließlich ist auch das aktuell Halten solcher Informationsbestände eine Herausforderung. Geschieht dies nicht, besteht die Gefahr, dass falsche Informationen verwendet werden.

Wird Wissen expliziert, so kann dies zu einer deutlich besseren Nutzung der betrieblichen Ressourcen führen. Es kann teilweise darauf verzichtet werden, auf kostentreibende, externe Ressourcen zugreifen zu müssen. Außerdem hilft dieser Prozess selbst wiederum dabei, Hürden innerhalb des Unternehmens zu überwinden oder zu senken, Wissen nicht mehr als »Machtinformation« zu horten, sondern offen und konstruktiv damit umzugehen. Das Gleiche gilt für das Erzeugen von Wissen, wobei hier insbesondere die gemeinsame Erarbeitung von Wissen oft zu besseren und auch schnelleren Resultaten führt → *Frage 15*.

Wird eine sinnvolle Mischung aus Wissensspeicherung in Personen und Systemen erreicht, verkürzen sich viele Prozesse, da hierfür notwendiges Wissen schneller abgerufen werden kann. Ebenso verringern sich hierdurch aus dem Geschäftsprozess entstehende Risiken. Dabei liegt die Herausforderung heute oft gar nicht mehr so sehr in der Akkumulation von Wissen, sondern darin, dieses Wissen aktuell zu halten. Ist ein Bewusstsein in der Organisation vorhanden, dass Informationen und Wissen gepflegt werden müssen und wird dies in den Unternehmenswerten gespiegelt und gelebt, bestehen gute Chancen, die Mitarbeiter aktiv zu beteiligen und ihnen und dem Unternehmen dadurch gute Zukunftsperspektiven zu eröffnen. Eine Organisation, die es schafft, ein konstruktives Klima zu erzeugen und zu belohnen, wenn Menschen Wissen und Wissensmanagementsysteme aktuell halten, erkennt Fehlentwicklungen schneller und kann früher gegensteuern.

Ebenso bedeutsam ist daher eine positive Fehlerkultur, die das Machen von Fehlern nicht unnötig bestraft, sondern es fördert, daraus zu lernen, dieses Wissen anderen mitzuteilen und so eine Wiederholung der gleichen Fehler unwahrscheinlicher zu machen. »Fehler sind Helfer«, dieser Leitsatz ist heute vor allem in der Pädagogik anerkannt und soll Lernenden die Angst davor nehmen, etwas falsch zu machen. Leider ist dieses Prinzip noch nicht in vielen Organisationen angekommen → *Frage 16*.

Wissen zur Verfügung stellen

Auszug aus der ISO 9001:2015
»Dieses Wissen muss aufrechterhalten und in erforderlichem Umfang zur Verfügung gestellt werden.«

Bedeutung

Als relevant erachtetes und vorhandenes Wissen soll nicht nur aufrechterhalten, sondern auch angemessen zur Verfügung gestellt werden. Dies geschieht idealerweise »vermittelt«, wobei Vermitteln die Absicht impliziert, ein echtes Verstehen auf der Seite des Empfängers zu erzeugen, damit das vermittelte Wissen auch angemessen, d.h. kompetent angewendet werden kann. Dafür muss das benötigte Wissen zur richtigen Zeit, am richtigen Ort und in der richtigen Qualität nutzerfreundlich zur Verfügung stehen oder gestellt werden. Auch ist es wichtig, das notwendige Wissen bestmöglich in den Prozesskontext zu stellen.

Umsetzung

Die Weitergabe und das Verteilen von Wissen hat sehr viel mit der Unternehmenskultur zu tun. Ist eine Kultur offen und wird die Weitergabe von Wissen belohnt, dürfte das Unternehmen weniger Probleme haben, auch in Zukunft wettbewerbsfähig zu sein. Wird die Weitergabe von Wissen nicht gefördert oder sogar blockiert, schwächt das die Wettbewerbsfähigkeit des Unternehmens mittelfristig deutlich. »Wissen ist Macht« ist nicht mehr zeitgemäß und diese Philosophie kann gravierende, negative Konsequenzen haben → *Frage 20*.

Gibt es systematische Ansätze, Wissen im Unternehmen zu verteilen? Werden Maßnahmen ergriffen, wenn sichtbar wird, dass Personen die Weitergabe und Verteilung von wichtigem Wissen blockieren oder hintertreiben? Wird die Organisation auf die Durchlässigkeit von Wissen geprüft? Wird die Weitergabe von Wissen honoriert?

Klassische Wege, Wissen zu implizieren sind Seminare und Trainings. Präsenztrainings bieten die beste Möglichkeit, Erfahrungen zu vermitteln und individuelle Fragen der Lerner zu beantworten. Zunehmend werden die Präsenztrainings durch Computer Based Training, Web Based Training, E-Learning, oder Blended Learning ergänzt oder abgelöst, da diese eine schnellere Verbreitung und flexiblere Nutzung ermöglichen und zudem im Allgemeinen kostengünstiger sind.

Weitere Instrumente, Wissen zu verteilen, sind neben der persönlichen Kommunikation Communities → *Frage 39*, Dienstbesprechungen, Erfahrungsaustausch, Foren, Selbstlerngruppen, Glossare, Mikroartikel, Blogs, Wissensmarktplätze und Storytelling. Vergessen werden dürfen dabei aber nicht altbewährte Methoden wie die Erstellung und Umsetzung von Einarbeitungsplänen und die Schulung am Arbeitsplatz. Letztere kann auch mit einer Patenschaft kombiniert werden.

Andere hervorragende Möglichkeiten, Wissen weiterzugeben und zu verteilen, bieten sich durch die moderne Technik → *Frage 47*. Speziell Wikis oder noch besser Kollaborationsplattformen ermöglichen es, dass Mitarbeiter ihren Kollegen Fragen stellen können, auch standortübergreifend. Wird ein solches System richtig aufgesetzt, finden oft innerhalb kürzester Zeit Fragende und Antwortende zueinander. Es ist also äußerst hilfreich, wenn im Unternehmen eine Plattform besteht und die Mitarbeiter deren Inhalt selbst pflegen. So können schnell mit Mitarbeiterprofilen Kontaktpersonen gefunden werden, die zu der jeweiligen Fragestellung über Wissen verfügen → *Frage 38*. Auf diesem Weg lassen sich auch wertvolle FAQ-Listen generieren.

Ein ganz klassisches und wirkungsvolles Instrument ist das Space Management. Früher waren es oft die Raucher-Ecken, heute sind es vorwiegend die Kaffee-Ecken oder ähnliche Einrichtungen, wo Mitarbeiter in angenehmer Atmosphäre eher zufällig zusammentreffen und sich häufig ein fruchtbarer Austausch und damit eine Wissensverteilung ergibt. Dies ist wohl eine der geeignetsten Formen, den Drang des Menschen nach Kommunikation, Neuigkeiten und Vernetzung zu befriedigen. In größerem Rahmen erfüllen Mitarbeiterversammlungen eine ähnliche Funktion → *Frage 49*.

Sind im Unternehmen passende Methoden und Tools eingeführt und werden sie auch genutzt? Gibt es neben technisch basierten Methoden auch die Möglichkeit für Wissenssuchende, Personen zu finden, mit denen sie ihre Fragestellungen auch persönlich besprechen können?

Konsequenzen

Ein Unternehmen, das über die richtige Mischung aus personengebundenen und technikbasierten Methoden verfügt, besitzt beste Chancen, im Wettbewerb um Wissen zu bestehen und ein positives Arbeitsklima zu erzeugen. Denn so lässt sich nicht nur das notwendige Fachwissen vorhalten, sondern es wird zugleich eine soziale Atmosphäre geschaffen, in der Mitarbeiter mit Wissen offen umgehen und sich gut aufgehoben fühlen → *Frage 15*.

Eine offene Unternehmenskultur, die die Mitarbeiter ermutigt, Wissen weiterzugeben und zu verteilen, schafft ein Klima, in dem Mitarbeiter kreativ arbeiten können. Dies wiederum hat Auswirkungen darauf, ob das Unternehmen für neue Mitarbeiter attraktiv ist und ob es gelingt, auch mittelfristig die für das Unternehmen besten Mitarbeiter zu gewinnen – also ein Beitrag zur längerfristigen Zukunftssicherung → *Frage 14*.

Ein Problem in vielen Unternehmen ist, dass Wissen und relevante Informationen zwar irgendwo vorhanden sind, ein gezielter Zugriff durch suchende Anwender aber häufig nicht ausreichend gewährleistet ist. Hier können leistungsstarke (semantische) Suchmaschinen über alle Datenbestände des Unternehmens helfen.

Zusatzwissen erlangen

Auszug aus der ISO 9001:2015

»Beim Umgang mit sich ändernden Erfordernissen und Entwicklungstendenzen muss die Organisation ihr momentanes Wissen berücksichtigen und bestimmen, auf welche Weise jegliches notwendige Zusatzwissen und erforderliche Aktualisierungen erlangt oder darauf zugegriffen werden kann.«

Bedeutung

Auch dieser Wissensprozess beruht darauf, zunächst das für das Unternehmen notwendige Wissen zu bestimmen, sowie das vorhandene Wissen und die Wissenslücken zu identifizieren. Das vorhandene Wissen in den Unternehmensprozessen muss kontinuierlich überprüft, bewertet und bei geänderten Rahmenbedingungen aktualisiert und erweitert werden. Für die Ausrichtung auf die Zukunft kann auch Wissen notwendig sein, welches heute noch nicht vorhanden ist. Hier greifen drei Normanforderungen ineinander: »Wissen bestimmen« in seiner strategischen Dimension, »Wissen aufrechterhalten« im Sinne der regelmäßigen Bewertung seiner Validität und »Wissen erlangen«. Der Fokus liegt hier also nicht darauf, Wissen für den einzelnen Mitarbeiter zu erlangen, dies wird im Wesentlichen in »Wissen zur Verfügung stellen«, aber auch weiter unten beim Thema »Kompetenzen« adressiert. Hier geht es um das organisationale Wissen, welches benötigt wird, die Existenz des Unternehmens zu sichern → *Frage 94*.

Umsetzung

Wissen zu erlangen kann bedeuten, neues Wissen selbst zu entwickeln oder aber es zu erwerben. Wird festgestellt, dass notwendiges Wissen im Unternehmen nicht vorhanden ist, so ist dieses zu beschaffen. Dabei sollen sowohl interne Quellen, also z. B. die eigenen Experten, eigene Erkenntnisse aus gemachten Erfahrungen usw., genutzt werden als auch externe Quellen, wie z. B. die eigenen Kunden und Lieferanten oder Hochschulen.

Weitere hilfreiche Instrumente können Netzwerke → *Frage 95*, Entwicklungspartnerschaften und Joint Ventures sein. Auch Vorträge, Konferenzen, Messen und Vorlesungen können Impulse geben und unterstützend wirken.

Kreativ- und Qualitätstechniken helfen, Innovationsprozesse zu unterstützen. Genannt seien hier die 6 Denkhüte, die 8D-Methode, Brainstorming, Data Mining, Exkursionen, FMEA, ein betriebliches Vorschlagswesen, ein übergreifendes Ideenmanagement, Mindmaps → *Frage 35*, Morphologischer Kasten, Webcrawler und WorldCafé. Noch etwas umfangreicher und damit aufwendiger in der Umsetzung sind die Instrumente Netzwerk-Analysen und Open Innovation. Zudem stehen mit einem kontinuierlichen Technologiescouting oder der regelmäßigen Analyse von Trendstudien weitere Optionen zur Verfügung.

Sind im Unternehmen Systematiken vorhanden, die dafür sorgen, Wissenslücken rechtzeitig zu schließen? Solches Zusatzwissen kann entweder in Form von Beschaffung der Informationen, der Einstellung entsprechend qualifizierten Personals oder auch durch den Zukauf von Beratungsleistungen beschafft werden.

Konsequenzen

Das zielgerichtete Identifizieren und Beschaffen von wichtigem Zusatzwissen, welches unternehmensintern nicht vorhanden ist, hilft dabei, die Unternehmensstrategie erfolgreich umzusetzen. Wird dies rechtzeitig erkannt und konsequent betrieben, stehen die Chancen gut, das Unternehmen für die Zukunft zu rüsten. Dabei ist darauf zu achten, dass dies als kontinuierlicher Prozess angelegt sein muss. Sollte es einem Unternehmen nicht möglich sein, die Wissenslücken zu füllen, kann dies drei wesentliche Ursachen haben:

a) es konnte nicht definiert werden, welches Wissen dem Unternehmen fehlt (keine Strategie),
b) das als fehlend definierte Wissen war nicht das tatsächlich fehlende Wissen (falsche Strategie) oder
c) es war nicht (rechtzeitig oder finanziell) möglich, sich dieses fehlende Wissen zu beschaffen (Ressourcenprobleme). In diesem Fall könnte die Zukunft des Unternehmens gefährdet sein.

Kompetenzmanagement in der ISO 9001:2015

Das Thema »Kompetenzmanagement« wird im Kapitel 7.2 der Norm behandelt. Welche neuen Anforderungen an den Umgang mit Kompetenzen in der Organisation stellt die ISO 9001:2015? Wie sind diese zu verstehen? Und mit Hilfe welcher Instrumente, Methoden und Maßnahmen können diese erfüllt werden?

Überblick

Auszug aus der ISO 9001:2015
»7.2 Kompetenz
Die Organisation muss
a) für Personen, die unter ihrer Aufsicht Tätigkeiten verrichten, welche die Leistung und Wirksamkeit des Qualitätsmanagementsystems beeinflussen, die erforderliche Kompetenz bestimmen,
b) sicherstellen, dass diese Personen auf Grundlage angemessener Ausbildung, Schulung oder Erfahrung kompetent sind,
c) wo zutreffend, Maßnahmen einleiten, um die benötigte Kompetenz zu erwerben, und die Wirksamkeit der getroffenen Maßnahmen zu bewerten,
d) angemessene dokumentierte Informationen als Nachweis der Kompetenz aufbewahren.«

ANMERKUNG: Geeignete Maßnahmen können zum Beispiel sein: Schulung, Mentoring oder Versetzung von gegenwärtig angestellten Personen, oder Anstellung oder Beauftragung kompetenter Personen.

Es geht hier also um ganz ähnliche Prozesse wie beim Umgang mit Wissen:
a) Erforderliche Kompetenzen müssen bestimmt werden.
b) Das Vorhandensein von Kompetenzen muss sichergestellt (und falls erforderlich aufrechterhalten) werden.
c) Kompetenzen müssen ggf. vermittelt werden und die Wirksamkeit von Maßnahmen zur Kompetenzentwicklung muss überprüft werden (Bildungscontrolling).
d) Kompetenzen müssen nachgewiesen werden.

Die beiden Themen »Umgang mit Wissen« und »Kompetenzen« werden in der Norm zwar in zwei formal getrennten Abschnitten behandelt, sind aber inhaltlich nicht voneinander zu trennen, schließlich wird Kompetenz in der Norm als die *»Fähigkeit, Wissen und Fertigkeiten anzuwenden, um beabsichtigte Ergebnisse zu erzielen«* definiert. Das Thema »Wissen der Organisation« hat dem zufolge erhebliche Schnittmengen mit dem Thema »Kompetenzen«.

Kompetenz zeichnet sich dadurch aus, dass ein vorhandenes Wissen auch in Aktivitäten umgesetzt werden kann → *Frage 4*. Ein Großteil einer Kompetenz basiert auf implizitem Wissen. Es ist häufig sehr schwierig, implizites Wissen explizit zu machen, weil es zum Großteil auf gemachten Erfahrungen beruht. Beim einzelnen Mitarbeiter ergibt sich eine Schnittmenge aus Wissen und Kompetenzen. Nicht immer führt das Wissen des Mitarbeiters auch zu Kompetenzen, über die er verfügt. Andererseits kann es auch sein, dass er über bestimmte Kompetenzen verfügt, ohne dafür bewusst das zugrunde liegende, greifbare Hintergrundwissen zu haben. Im Folgenden wird daher nur noch direkt auf Aspekte in Zusammenhang mit den Kompetenzen der Mitarbeiter eingegangen.

Kompetenzen bestimmen

Aus einer Gap-Analyse, die feststellt, welches Wissen für das Unternehmen notwendig ist und welches Wissen fehlt, lässt sich auch schließen, welche Kompetenzen das Unternehmen benötigt. Um den fehlenden Kompetenzumfang zu definieren, muss zunächst ermittelt werden, über welche Kompetenzen die Mitarbeiter bereits verfügen. Eine gängige Methode ist hier die Erstellung einer Kompetenzmatrix für jeden Mitarbeiter (auch Skill Matrix), am besten untermauert durch ein Mitarbeitergespräch. Anhand der Ist-Situation kann im Vergleich mit der Soll-Situation bestimmt werden, welche Kompetenzen zusätzlich erworben oder auch weiter aufgebaut werden müssen.

Ein ähnliches Instrument wie die Kompetenzmatrix ist das Kompetenzrad. Beide Instrumente können sowohl individuell pro Mitarbeiter, aber auch insgesamt für das Unternehmen oder Unternehmensteile erstellt werden. Durch einen Abgleich lässt sich feststellen, welche Kompetenzen individuell oder im Unternehmen(steil) fehlen. Ist im Unternehmen ein gut strukturiertes Beurteilungssystem für die Mitarbeiterkompetenzen vorhanden und wird dieses regelmäßig gepflegt, so sind vorhandene Lücken relativ leicht zu entdecken.

Gibt es im Unternehmen Prozesse und passende Methoden, die eine solche Vorgehensweise unterstützen? Werden solche Prozesse regelmäßig durchgeführt?

Kompetenzen sicherstellen

Steht fest, welche Kompetenzen im Unternehmen aufgebaut werden müssen, so können die entsprechenden Mitarbeiter durch weitere Ausbildung, Schulung oder (begleitete) Erfahrungen (Partnersysteme) gefördert werden. Wesentliche Vorgehensweisen wurden oben bereits erläutert. Zudem ist es eine Option, neues Personal mit den entsprechenden Kompetenzen einzustellen.

Gibt es im Unternehmen passende interne oder externe Weiterbildungsmöglichkeiten? Werden diese Ansätze systematisch verfolgt, oder ist es eher ein erratisches Vorgehen? Wird darauf geachtet, dass die Kompetenzanforderungen auch durch die empfohlenen Weiterbildungsmaßnahmen abgedeckt werden? Wird in Vorbereitung der Übernahme umfangreicherer Verantwortungsbereiche eine Job Rotation im Unternehmen durchgeführt, um den Mitarbeitern einen entsprechenden Überblick über das Unternehmen zu verschaffen?

Kompetenzen vermitteln und die Wirksamkeit prüfen

Das regelmäßige Durchführen eines Mitarbeitergespräches, am besten verbunden mit einer Aktualisierung der Kompetenzmatrix, eröffnet sowohl dem Unternehmen als auch dem Mitarbeiter die Möglichkeit, den aktuellen Kompetenzstand festzustellen, Lücken zu entdecken und zu füllen. Instrumente hierzu haben wir im Teil Wissensmanagement bereits aufgeführt. Zusätzlich sind Expertenkreise und

Communities of Practice ein probates Mittel, um im Unternehmen Kompetenzen weiterzugeben bzw. aufzubauen. Manche Mitarbeiter erweitern ihre Kompetenzen auch durch kollegiale Beratung. Job Rotation innerhalb des Unternehmens oder auch die Anreicherung der Tätigkeit bzw. Erweiterung des Zuständigkeitsbereiches führen üblicherweise ebenso zu einem Kompetenzaufbau.

Das Prüfen der Wirksamkeit dieser Maßnahmen kann über die Arbeitsergebnisse stattfinden, alternativ kann mit Tests gearbeitet werden, um den aktuellen Stand festzustellen. Auch Wissens-Audits und Projekt-Reviews können Aufschluss über die Wirksamkeit der Kompetenzvermittlung geben. Ein weiteres, häufig angewendetes Instrument sind Assessment Center. Falls es bestehende Patenschaften gibt, ist es in Regel den Paten möglich, die Kompetenzen ihrer Schützlinge zu bewerten. Mit etwas Kreativität lassen sich oft auch Kennzahlen ermitteln, die eine solche Bewertung erlauben.

Ein Kompetenzaufbau, der mit einer Fachkarriere verbunden ist, sorgt bei den Mitarbeitern für einen entsprechenden Anreiz, eigene Kompetenzen weiter zu entwickeln.

Gibt es im Unternehmen regelmäßige Prozesse für Kompetenzerhebungen und Mitarbeitergespräche? Liefern diese Prozesse die gewünschten Ergebnisse oder sind es nur Vorgaben, die nicht umgesetzt werden?

Angemessene dokumentierte Informationen als Nachweis der Kompetenz

Ohne einen Nachweis der durchgeführten Kompetenzanalysen bei den Mitarbeitern und der daraus folgenden Aktionen (wie z.B. Schulungen, Mentorensysteme, den Aufbau neuer Mitarbeiter mit den im Unternehmen fehlenden Kompetenzen usw.) und späterer Wirksamkeitskontrollen ist es nicht möglich, einen systematischen und dem Unternehmen nutzbringenden Prozess zum Kompetenzmanagement darzustellen. Entsprechende Unterlagen sind also aufzubewahren und sollten turnusmäßig aktualisiert werden. Sind in dem Unternehmen Regeln vorhanden, nach denen Kompetenzaufbau durchzuführen ist? Werden entsprechende Dokumente aufbewahrt? Werden Aufzeichnungen zu den Kompetenzen und zum Kompetenzaufbau der Mitarbeiter geführt?

Konsequenzen

Wenn notwendige Kompetenzen fehlen, entstehen Risiken, die sogar wachsen, wenn es an der Fähigkeit mangelt, fehlende Kompetenzen aufzubauen. Etwas subtiler ist das Risiko, nicht zu wissen, welche Kompetenzen dem Unternehmen fehlen. Ein drittes Risiko, das häufig keine Beachtung findet, ist dadurch gekennzeichnet, dass das Unternehmen nicht in der Lage ist, vorhandene Kompetenzen zu entdecken oder zu fördern. Dies kann unnötig hohe Kosten durch anderweitige Beschaffung verursachen. Ein Nebeneffekt dieses Risikos ist es auch, dass Mitarbeiter sich nicht ausreichend geachtet fühlen, wenn man ihre Kompetenzen nicht sinnvoll einsetzt. Dies bedeutet häufig das Abgleiten in eine Mentalität des »Dienst nach Vorschrift«.

Wird der Kompetenzaufbau systematisch durchgeführt, so lassen sich sehr gute Ergebnisse erreichen. Müssen kleinere Kompetenzlücken gefüllt werden, so ist es am besten, vorhandene Mitarbeiter für diesen Kompetenzaufbau zu gewinnen. Stellt man fest, dass bestimmte Kompetenzen ganz und gar fehlen ist es u. U. möglich, diese auf dem Markt als externe Dienstleistung zuzukaufen. Sind sie auch dort nicht vorhanden, so verbleibt die Einstellung von neuem Personal, mit dem dieser gezielte Kompetenzaufbau durchgeführt werden kann. Wichtige Schlüsselkompetenzen sollten auf alle Fälle im Unternehmen gehalten oder aufgebaut werden. Hier gilt es, sich soweit wie möglich nicht von externen Partnern abhängig zu machen.

Ein regelmäßiger Kompetenzcheck stellt sicher, dass die Kompetenzen der Mitarbeiter auch mit den für das Unternehmen aktuell relevanten Kompetenzen übereinstimmen. So wird gewährleistet, dass sich bei Veränderungen der Anforderungen auch die Mitarbeiter entsprechend schnell und gezielt umstellen können. Außerdem ist dies auch für den Mitarbeiter ein sinnvolles Vorgehen, da er so regelmäßig ein Feedback über den Stand seiner Kompetenzen erhält und Hinweise bekommt, auf welchen Gebieten ein weiterer Kompetenzaufbau für ihn selbst und die Organisation nutzbringend wäre. Dies kann die Initiative des Mitarbeiters stärken, sich regelmäßig weiterzubilden. Die Durchführung des gesamten Kompetenzprozesses kann Schritt für Schritt verbessert werden, wenn er in regelmäßigen Abständen durchgeführt und dokumentiert wird. Der Prozess sollte auch regelmäßig überprüft werden und aktuelle Erkenntnisse enthalten, die bei Bestimmung und Aufbau von Kompetenzen hilfreich sind.

Eine weitere, wirkungsvolle Möglichkeit vorhandene Kompetenzen zu bestimmen, ergibt sich, falls in einem Unternehmen »Gelbe Seiten« → *Frage 38* existieren, auf denen Mitarbeiter ihre Kenntnisse und Fähigkeiten darstellen. Oft werden hier Kompetenzen genannt, die in einer offiziellen Erhebung eventuell gar nicht auftauchen, da sie vom Unternehmen oder vom Mitarbeiter als nicht relevant für seine Tätigkeit erachtet werden.

Einige innovative Unternehmen machen es vor und geben Mitarbeitern die Möglichkeit, einen ganzen oder halben Tag pro Woche für selbst definierte Projekte zu arbeiten. Was im ersten Moment als gewagter Kostentreiber erscheint, ist auf den zweiten Blick sehr attraktiv für beide Seiten: Das Unternehmen gewinnt auf diese Weise oft interessante Einsichten und Zugang zu neuen Ideen und Produkten, die später vermarktet werden können. Der Mitarbeiter kann sich mit Themen beschäftigen, die ihn interessieren, auch wenn sie nicht unmittelbar in seinem Arbeitsgebiet liegen.

Für Unternehmen, die international tätig sind, können sich interkulturelle Trainings für ihre Mitarbeiter auszahlen. Neben dem Effekt, sich im Umgang mit Menschen aus anderen Kulturkreisen sicherer zu bewegen, erweitert sich dadurch der Erfahrungshorizont und vorhandene Kompetenzen erhalten ein erweitertes Einsatzspektrum.

Nutzt ein Unternehmen eine Kollaborationsplattform, lassen sich dort einzubettende Bewertungen (beispielsweise mit Punkten, Sternen oder Daumen-Zeichen) ebenfalls gut zur Ableitung von Kennzahlen nutzen, um vorhandene Kompetenzen festzustellen und im Weiteren zu fördern.

Wie können die Anforderungen der Norm erfüllt werden?

Der (systematische) Umgang mit dem Wissen der Organisation wurde erstmalig in die Norm aufgenommen. Dieser Aspekt ist aber keine neue Erfindung der ISO 9001. In der Regel ist er in den Organisationen auch nicht neu: Auch wo es kein explizites Wissensmanagement gibt, findet Wissensmanagement an vielen Stellen doch statt → *Frage 26*. Das heißt, ein Unternehmen muss, um diese neuen Anforderung zu erfüllen, üblicherweise nicht bei Null anfangen, sondern kann bereits vorhandene Instrumente, Methoden und Maßnahmen den Normanforderungen zuordnen. Eine solche Zuordnung hilft sowohl im Falle eines Audits, aber vor allem

auch dabei, einen möglichen Handlungsbedarf zu identifizieren.
Im Folgenden werden einige Instrumente und Methoden den Normanforderungen/ Wissensprozessen zugeordnet, um eine erste Orientierung zu bieten.

Grundvoraussetzung

Eine Grundvoraussetzung, um eine Zertifizierung nach der neuen ISO 9001:2015 im Hinblick auf das Wissen der Organisation zu erreichen, ist zunächst die Existenz von Prozessen, die Vorgehensweisen beschreiben, um

- ⇨ notwendiges Wissen zu bestimmen,
- ⇨ Wissen aufrechtzuerhalten,
- ⇨ Wissen im ausreichendem Umfang zu vermitteln,
- ⇨ neues Wissen zu erwerben,
- ⇨ die erforderlichen Kompetenzen zu bestimmen,
- ⇨ die Kompetenzen der Mitarbeiter sicherzustellen,
- ⇨ benötigte Kompetenzen zu erwerben,
- ⇨ die Wirksamkeit des Kompetenzerwerbs zu kontrollieren,
- ⇨ Nachweise der Kompetenz zu dokumentieren.

Weiterhin ist es sinnvoll, über einen Prozess zu verfügen, der die Angemessenheit und Richtigkeit der spezifischen Prozesse überprüft. Eine Nachweisdokumentation stellt sicher, dass die Unterlagen auch für ein Audit zur Verfügung stehen.

Zu den einzelnen, oben genannten Punkten seien folgende, generelle Maßnahmen/ Möglichkeiten empfohlen:

Wissen bestimmen

- ⇨ Hier geht es um das Vorhandensein einer Analyse(-methode), die aufzeigt, welches Wissen eine Organisation in ihren Geschäftsprozessen benötigt und welches Wissen bereits vorhanden ist bzw. welche Wissenslücken es gibt (beispielsweise die »Wissensbilanz – Made in Germany«)

Wissen aufrecht erhalten
- ⇨ Wissen sinnvoll dokumentieren
- ⇨ Wissenssicherung bei Fluktuation von Personal
- ⇨ Benennung eines Beauftragten für Wissensmanagement

Wissen vermitteln/zur Verfügung stellen
- ⇨ Informationssysteme einführen oder erweitern, um Wissen zu verteilen
- ⇨ Wissen in den Prozesskontext stellen, so dass Wissen bei Ausführung der Tätigkeit ohne großen Suchaufwand zur Verfügung steht
- ⇨ Wissen/Dokumente anwenderfreundlich aufbereiten und strukturieren

Zusatzwissen erwerben
- ⇨ Pflege eines kontinuierlichen Verbesserungsprozesses (PDCA)
- ⇨ Regelmäßiges Überprüfen der Prozesse, deren Rahmenbedingungen und Anforderungen sowie der Kompetenzen der Mitarbeiter
- ⇨ Gezieltes Schließen erkannter Wissenslücken
- ⇨ Absicherung und Explizierung von Erfahrungswissen

Erforderliche Kompetenzen bestimmen
- ⇨ Hier geht es um das Vorhandensein einer Analyse(-methode), welche ausgehend von dem als fehlend identifizierten Wissen aufzeigt, welche Kompetenzen eine Organisation in ihren Geschäftsprozessen benötigt und welche Kompetenzen bereits vorhanden sind bzw. noch fehlen.

Kompetenzen sicherstellen
- ⇨ Die Verfügbarkeit der existierenden Kompetenzen regelmäßig überprüfen
- ⇨ Kompetenzverlust durch Fluktuation vermeiden
- ⇨ Rechtzeitig für relevanten Kompetenzaufbau aus dem Unternehmen oder von außerhalb sorgen

Kompetenzen vermitteln
- ⇨ Existenz eines internen oder aus externen Anbietern zusammengestellten Schulungsprogramms

⇨ Systematik zum unternehmensinternen Kompetenzaufbau wie Partnersysteme, Coaching, Patenschaften
⇨ Existenz von unternehmensinternen oder -externen Zirkeln zum Austausch (Communities)

Die Wirksamkeit von Maßnahmen zur Kompetenzentwicklung überprüfen
⇨ Regelmäßiges Monitoring der vorhandenen Mitarbeiterkompetenzen
⇨ Durchführung von Wirksamkeitsprüfungen von Kompetenzmaßnahmen
⇨ Auffrischung relevanter Mitarbeiter-Zertifikate

Kompetenzen nachweisen
⇨ Durchführung von Tests, Assessments, Verfolgung wichtiger Kennzahlen
⇨ Prüfungen für interne und externe Mitarbeiter-Zertifikate (wie von der GPM, DGQ, IHK, TÜV etc. ...)

Einführung von Wissensmanagement – Auswirkungen

Wissen ist eine generelle, aber auch eine individuelle und kontextgebundene, sich ständig verändernde Ressource. Wissen als solches kann man nicht direkt managen, Wissensmanagement muss sich vielmehr auf den Menschen als Wissensträger und die Organisation seiner Umgebungsbedingungen konzentrieren → *Frage 7*. Informationstechnik wird hierfür als inzwischen sehr mächtiges und bedienerfreundliches Hilfsmittel eingesetzt.

Die drei Handlungsdimensionen, die die grundlegende strategische Ausrichtung von Wissensmanagement bestimmen, werden in dem bekannten TOM-Modell (Technik – Organisation – Mensch) abgebildet (Bullinger, Wörner, & Prieto, 1998) und erklärt.

Für die Einführung von Wissensmanagement im Unternehmen sind das Zusammenwirken und die Wechselwirkungen der Faktoren Mensch, Organisation und Technik zu betrachten → *Frage 68*.

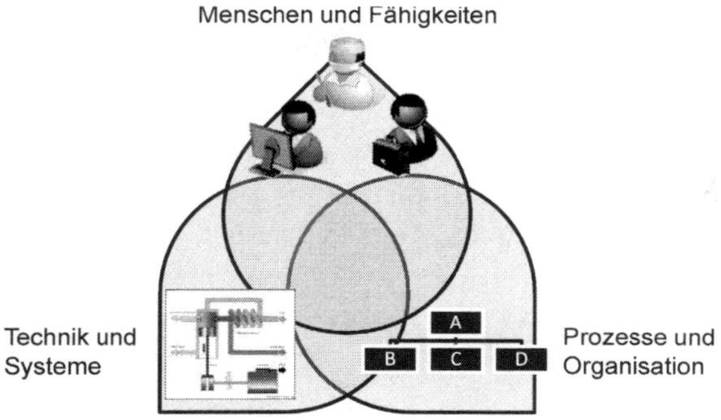

Menschen und Fähigkeiten

Technik und Systeme

Prozesse und Organisation

Abb. 4: TOM – Modell / Technik – Organisation – Mensch

Faktor Mensch – Der Mitarbeiter als zentraler Akteur

Neben den finanziellen Ressourcen sind es vor allem die Menschen – Mitarbeiterinnen und Mitarbeiter – die für den Markterfolg eines Unternehmens relevant sind. Diese Ressource optimal zu nutzen, ist die hohe Kunst der Betriebswirtschaft. In besonderer Weise ist hier die aktive und sichtbare Unterstützung durch das Management gefordert. Es zählt zu den wichtigsten Aufgaben des Managements, eine angemessene Unternehmenskultur mit offener Kommunikation, Kooperation und Fehlerkultur zu schaffen, in der nicht das Wissen des Einzelnen, sondern das organisationale Wissen im Mittelpunkt steht → *Frage 13*. Ebenso bedeutend ist die Attraktivität des Unternehmens als Arbeitgeber, um im Wettbewerb um talentierte neue Mitarbeiter bestehen zu können. Es sind vor allem die im Folgenden aufgeführten Aspekte, die die Gestaltung des Wissens- und Kompetenzmanagements aus Sicht der Mitarbeiter und für die Mitarbeiter motivierend erscheinen lassen:

⇨ Das Schaffen einer Organisationskultur, die kontinuierlichen Wissensfluss unterstützt und ein definiertes Leitbild und Ziele hat, die mit Hilfe von Wissensmanagement erreicht werden sollen → *Frage 15*

⇨ Entwicklung von Kompetenzen auch für den effizienten Einsatz der Instrumente des Wissensmanagements → *Frage 32*

⇨ Das Fördern eines bewussten Umgangs mit Wissen durch das Aufzeigen des individuellen und gemeinschaftlichen Nutzens beim Erreichen von Zielen → *Frage 79*

- Dokumentieren und Nutzen von Best Practices und Lessons Learned → *Frage 36* und deren Verwendung in konkreten Anwendungsfällen (Use Cases)
- Schaffen von Anreizen und/oder Vereinbaren von individuellen Zielen zur Weitergabe von Wissen → *Frage 75*
- Entwickeln und Einbinden von Multiplikatoren zur Verbreitung und Umsetzung von Wissensmanagement und fördernden Aktivitäten (Wissensmanager) → *siehe Lexikonbeitrag*
- Kommunikation, öffentliche Wertschätzung, Anerkennung oder Lob für praktiziertes Wissensmanagement
- Ein begleitendes Change Management, das die Mitarbeiter einbindet und ihre Sorgen und Ängste adressiert → *Frage 72*
- Angemessene Konsequenzen für Mitarbeiter, die sich an der Wissensgenerierung und -weitergabe nicht wie gewünscht beteiligen oder diese sogar blockieren → *Frage 71*

Faktor Organisation – Prozessintegration und Aufbau von Wissensmanagement-Strukturen

Der Mensch als die wesentliche Wissens- und Kompetenzressource kann nur dann wirksam zur Geltung kommen, wenn das Management dieser Ressource – als Voraussetzung für eine effiziente Organisation der Wissensprozesse im Unternehmen – sinnvoll in die organisatorischen Strukturen und Abläufe der Organisation integriert ist. Was ist zu tun? Kritische Wissensfelder (Expertenwissen, fehlendes Wissen bei Neuentwicklungen) sind zu identifizieren und Wissenslücken systematisch zu schließen. Bestehende Strukturen sind zu prüfen, um sie entweder weiterhin zu nutzen oder anzupassen, bevor neue Strukturen geschaffen werden. Die Wissensorganisation ist kein Selbstzweck, sie muss helfen, die Unternehmensziele zu erreichen. Somit sind die Organisationsstrukturen Hilfsmittel dazu. Erfolgsfaktoren zu einer erfolgreichen Umsetzung auf der Organisationsebene sind → *Frage 19*:

- Identifikation und Analyse wissensintensiver Prozesse, Produkte und Verfahren
- Rechtzeitiges Einbinden von Entscheidungsträgern, interessierten Parteien und Sponsoren in den Prozess → *Fragen 23, 73*

- ⇨ Integration von Maßnahmen und Vorgehensweisen zum Wissensmanagement in existierende Prozesse
- ⇨ Fördern des Wissensaustausches zwischen den Mitarbeiter/innen über alle Ebenen der Organisation als einer der wichtigsten Erfolgsfaktoren
- ⇨ Etablieren einfacher Kommunikationsmöglichkeiten und -regeln für den Wissensfluss zwischen den Wissensträger/innen und Wissenssuchenden
- ⇨ Etablieren von Rollen und Benennung von Verantwortlichen für das Wissensmanagement und der damit verbundenen Kommunikation → *Frage 24*
- ⇨ Bereitstellen von Ressourcen (Zeit, Personal, Geld und Instrumente) → *Frage 62*
- ⇨ Sicherstellen der Überprüfbarkeit und Bewertung von Konzepten und Maßnahmen anhand von definierten Kriterien

Faktor Informationstechnik – Mächtiges Element effizienten Wissensmanagements

Zentrale Faktoren im Wissens- und Kompetenzmanagement sind Mensch und Kommunikation. Die moderne Informationstechnik bietet heute eindrucksvolle Möglichkeiten, um explizites Wissen effizient und effektiv nutzen zu können. Sie hilft inzwischen sogar, neues Wissen zu generieren. Big Data-Analysen bringen Ergebnisse hervor, die sehr nutzbringend für ein Unternehmen und die Verfolgung seiner Ziele sein können. Netzwerkanalysen können helfen, Vorgänge besser zu verstehen und Maßnahmen abzuleiten. Folgende Erfolgsfaktoren sichern den optimalen Einsatz von Informationstechnologie im Wissensmanagement → *Frage 46*:

- ⇨ Abstimmung mit der Unternehmens-IT hinsichtlich Tool-Strategie, Nutzung, Anpassung und Spezifikation von Anforderungen an Wissensmanagement-Software
- ⇨ Festlegung von Dokumentationsstandardformaten und Dokumentationssoftware unter Beachtung der spezifischen Anforderungen
- ⇨ Gestaltung oder Optimierung von Schnittstellen zwischen Mensch und Gerät, Gerät und Software oder Software und Software

- ⇨ Migration von Alt-Daten, beispielsweise durch Scannen und elektronisches Verfügbarmachen von Papierdokumenten mittels geeigneter technischer Verfahren
- ⇨ Anbindung weiterer Systeme, in denen relevante Daten gespeichert sind, damit diese übergreifend genutzt werden können
- ⇨ Bereinigung der Systeme von überholten Daten und Informationen
- ⇨ Einsatz von Informations- und Kommunikationstechnologien zur Zusammenarbeit, um Wissen in und zwischen Teams zu teilen, anzureichern und zu dokumentieren sowie zum übergreifenden internen und externen Austausch (Social Collaboration)

Faktor Finanzen – Kosten und Nutzen des Wissensmanagements

Das Kosten-Nutzenverhältnis im Wissensmanagement ist komplex und daher nicht leicht zu bewerten → *Frage 65*. Einen guten Anhaltspunkt über die Größenordnung notwendiger Investitionen in Wissen liefert die Ermittlung der Kosten eines möglichen Schadens (z. B. durch entgangene Umsätze, das Abwandern von Kunden oder den Verlust von Marktanteilen), denen die Kosten für Elemente eines systematischen Wissensmanagements gegenübergestellt werden → *Frage 21*.

Um das richtige Maß für Investitionen und Maßnahmen zu finden, ist eine Übersicht über das erfolgskritische Wissen unverzichtbar. Auf dieser Basis sollten zunächst existierende Maßnahmen überprüft und weiter integriert werden. Lücken, die sich aus der Gap-Analyse hinsichtlich Wissen und Kompetenzen zeigen, sollten schrittweise und in sinnvoller Reihenfolge unter Einbindung von motivierten Mitarbeitern geschlossen werden.

Nach dem Erfolg kleiner Pilotprojekte können die Maßnahmen im ganzen Unternehmen nach und nach ausgerollt werden. Der Betrag an Geld, der investiert wird, ist zwar notwendige aber nicht hinreichende Bedingung für den Erfolg. Ohne die Mitwirkung der Mitarbeiter und ein begleitendes Change Management besteht die Gefahr, dass die finanziellen Mittel verschwendet werden.

Instrumente

Im Folgenden haben wir einen komprimierten Überblick zusammengestellt, der Sie über die Anforderungen der Norm informiert und Ihnen zugleich die für die praktische Arbeit nützlichen Instrumente aus dem Wissensmanagement vorstellt.

Tabelle 1: Auswahl einiger Instrumente für das Wissens- und Kompetenzmanagement

Instrument	Wissen bestimmen	Wissen aufrechterhalten	Wissen verteilen	Zusatzwissen erlangen	Kompetenzen bestimmen	Kompetenzen überprüfen	Kompetenzen vermitteln	Wirksamkeit prüfen	Kompetenzen nachweisen
Workshops	x	x	x	x	x	x	x	x	x
Persönliche Kommunikation	x	x	x	x	x	x	x	x	
Wissensbilanz – Made in Germany	x	x	x	x	x		x	x	x
Etablierung eines Wissensmanagers	x	x	x	x	x		x	x	
E-Learning/Blended Learning		x	x	x			x	x	x
Projekt-Reviews	x			x	x	x		x	
Kollaborationsplattformen		x	x	x				x	x
Expertenkreise, Communities of Practice		x			x	x		x	
Gelbe Seiten, Expertenprofile, Mitarbeiterprofile		x			x	x		x	
Content Management Systeme (CMS)		x	x	x				x	
Dokumentenmanagement-Systeme (DMS)		x	x	x				x	
Erfahrungsaustausch		x	x	x				x	
Space Management (»Kaffee-Ecken«)		x	x	x				x	
Wissenslandkarte	x		x		x				x
Kompetenzrad					x	x		x	
Skill Matrix					x	x		x	
Assessment Center						x		x	x
Entwicklungspartnerschaften, Joint Ventures			x	x			x		
Job Rotation, Job Enrichment, Job Enlargement			x		x			x	

Tabelle 1: Auswahl einiger Instrumente für das Wissens- und Kompetenzmanagement (Fortsetzung)

Instrument	Wissen bestimmen	Wissen aufrechterhalten	Wissen verteilen	Zusatzwissen erlangen	Kompetenzen bestimmen	Kompetenzen überprüfen	Kompetenzen vermitteln	Wirksamkeit prüfen	Kompetenzen nachweisen
Checklisten		x	x					x	
Debriefing von Experten, Wissensstafette		x			x	x			
Netzwerk-Analyse					x			x	
Selbstlerngruppen			x				x		
Partnersysteme, Tandems, Twining		x					x		
Webinare, Online-Schulungen				x	x				
Debriefing ausscheidender Mitarbeiter		x			x				
Lessons Learned		x			x				
Prozessbeschreibungen, Arbeitsanweisungen		x	x						
Wissenskarten		x	x						
Crowd Sourcing	x				x				
Schulungen, Messen, Konferenzen					x				
FMEA					x				
Ideenmanagement, Betriebliches Vorschlagswesen					x				
Open Innovation					x				
Semantische Suchmaschine					x				
Storytelling				x					
Erfolgsfaktorenanalyse	x								
Wissensorientierte Prozess- / Tätigkeitsanalyse	x								
Wissensorientierte Strategieentwicklung	x								
Design Thinking				x					

Resummee

Die Einführung eines systematischen und strukturierten Wissensmanagements in Verbindung mit dem zugehörigen Kompetenzmanagement bietet Unternehmen große Chancen, sich für die Zukunft fit zu machen.

Die ISO 9001:2015 fordert speziell in Kapitel 7.1.6., den notwendigen Wissensstand zu bestimmen und zu steuern, durch den die Organisation die Konformität ihrer Produkte und Dienstleistungen erreichen und sicherstellen kann. Die Norm ermuntert Organisationen explizit, Wissen zu erwerben und zu bewahren, sei es durch Lessons Learned (Lernen aus Erfahrungen), Benchmarks oder Beratung/Mentoring, um die Qualität der Abläufe und daraus folgend die Qualität der Produkte und Dienstleistungen nachhaltig zu verbessern. Hierzu gehört auch das Berücksichtigen zukünftiger Produkte und Dienstleistungen, also der Versuch, die Wettbewerbsfähigkeit des Unternehmens dauerhaft sicherzustellen.

Ohne eine systematische Herangehensweise laufen Unternehmen Gefahr, durch sich immer schneller ändernde Märkte und Kundenanforderungen oder gar durch das Auftreten disruptiver Technologien nicht im Wettbewerb mithalten zu können. Ist der Anschluss erst einmal verloren, ist es um ein Vielfaches schwieriger und teurer, wieder aufzuschließen.

Zudem bestehen Risiken für den Erfolg und die Existenz von Unternehmen, wenn keine Strategie im Umgang mit der Ressource Wissen umgesetzt und gelebt wird. Im Kontext der Norm werden Unternehmen angehalten, sich vor dem Verlust von Wissen zu schützen, der z. B. durch planbaren wie auch nicht planbaren Mitarbeiterverlust oder Fluktuation entsteht.

Hieraus leitet sich die grundsätzliche Bedeutung von Wissensmanagement für Unternehmen – nicht nur im Zusammenhang mit einer ISO-Zertifizierung – ab → *Frage 79.*

Der Anspruch der Norm ist dann erfüllt, wenn Unternehmen den strategischen und systematischen Umgang mit Wissen als Instrument zur erfolgreichen Unternehmensführung verstehen und in der täglichen Praxis leben.

Literaturverzeichnis

Quellen

[1] CARL BENEDIKT FREY und MICHAEL A. OSBORNE: Studie: *The future of employment: How susceptible are jobs to computerisation?*; 2013

[2] MAX BOISOT, AGUSTÍ CANALS: *Data, information and knowledge: have we got it right?*, Working Paper; 2004 (http://www.uoc.edu/in3/dt/20388/20388.pdf)

[3] CLAUS OTTO SCHARMER: *Knowledge Has to Do with Truth, Goodness, and Beauty; Conversation with Professor Ikujiro Nonaka*; Tokyo, February 23, 1996 (http://www.cos.ufrj.br/~jonice/gc_2007/Knowledge%20Has%20to%20Do%20with%20Truth,%20Goodness,%20and%20Beauty.pdf)

[4] NORTH, K.: *Wissensorientierte Unternehmensführung: Wertschöpfung durch Wissen*, Auflage 5, Wiesbaden, 2012

[5] HELMUT WILLKE: *Organisierte Wissensarbeit; Zeitschrift für Soziologie*, Jg. 27, Heft 3, Juni 1998, S. 161-177 (http://www.zfs-online.org/index.php/zfs/article/viewFile/2971/2508)

[6] Wissensmanagement Forum Graz; *D-A-CH Wissensmanagement Glossar*; Version 1.1; S. 14 (http://www.gfwm.de/wp-content/uploads/2014/02/D-A-CH_Wissensmanagement_Glossar_v1-1.pdf)

[7] Bundesministerium für Bildung und Forschung (BMBF); *Anja Hall; Tätigkeiten und berufliche Anforderungen in wissensintensiven Berufen*; Bonn 2007 (metadaten.bibb.de/download/796)

[8] RAINER KUHLEN: *Wem gehört die Information im 21. Jahrhundert? – Eine Skizze*; Köln 2004 (http://www.lmz-bw.de/fileadmin/user_upload/Medienbildung_MCO/fileadmin/bibliothek/kuhlen_information/kuhlen_information.pdf)

[9] SCHEIN, E.H. (1985): *Organizational Culture and Leadership*, San Francisco: Jossey-Bass in Emmanuel Ogbonna (abridged from E. Ogbonna, Managing organisational culture: fantasy or reality, Human Resource Management Journal, 3, 2 (1993), pp. 42-54 in Jon Billsberry (ed.); The Effective Manager, Open University, Milton Keynes 1997)

[10] Informal learning; Wikipedia, the free encyclopedia (https://en.wikipedia.org/wiki/Informal_learning)

[11] LEWIN, K.: *Frontiers in group dynamics, Human Relations*, 1947

[12] LESLIE KWOH: *Reverse Mentoring Cracks Workplace; The Wall Street Journal*, November 28, 2011 (http://www.wsj.com/news/articles/SB10001424052970203764804577060051461094004)

[13] NICOLE KIRST: *Co-Creation ist das neue Zauberwort für Unternehmen und Kunden*; Marketing Magazin; 28. Januar 2013 (http://marketingmag.de/social-media/co-creation-fuer-unternehmen-und-kunden-a-1511.html)

[14] MORTEN T. HANSEN; NITIN NOHRIA; THOMAS J. TIERNEY: *What's Your Strategy for Managing Knowledge?; Harvard Business Review; 3/4 1999* (https://hbr.org/1999/03/whats-your-strategy-for-managing-knowledge)

[15] Quelle: *(https://www.flickr.com/photos/cogneon/8621012219/in/set-72157633172159720)*

[16] Quelle: *(http://blog.adidas-group.com/2014/03/bringing-the-adidas-group-learning-campus-to-life-learning-in-the-21st-century/)*

[17] Quelle: *(https://www.pinterest.com/elgreco66/adidas-group-learning-campus/)*

[18] Quelle: *Arbeitskreis Wissensbilanz; (http://www.akwissensbilanz.org/)*

[19] KAKU, M.: *Die Physik der Zukunft, Reinbek bei Hamburg; 2012*

[20] KAKU, M.: *Die Physik des Bewusstseins, Reinbek bei Hamburg, 2014*

[21] vgl. REINMANN, G., EPPLER, M. J.: *Wissenswege. Methoden für das persönliche Wissensmanagement, Bern; 2007*

[22] Lernwerkstatt Voigt; *(http://www.mindstation.de)*

[23] Gehirn-Gerechtes Lernen; *(http://blog.birkenbihl-sprachen.com/2013/01/kreativitat-durch-abc-listen/)*

[24] Wissensmanagement in der ISO 9001:2015/Praktische Orientierung für Qualitätsmanagementverantwortliche Deutsche Gesellschaft für Qualität (DGQ) und Gesellschaft für Wissensmanagement (GfWM), *verschiedene Autoren, Januar 2016*

Weiterführende Literatur

[24] AL-LAHAM, A.: *Organisationales Wissensmanagement: Eine strategische Perspektive; Vahlen, München 2003*

[25] BACK, A. GRONAU, N., TOCHTERMANN, K.: *Web 2.0 und Social Media in der Unternehmenspraxis; Oldenbourg, München 2012*

[26] BEYER, H., SCHMIDT, U., KLETT, D.: *Wissensmanagement beflügelt: Wie Sie einen unbegrenzten Rohstoff aktivieren; Akademische Verlagsgesellschaft, 2015*

[27] DAVENPORT, T.H.; PRUSAK, L.: *Wenn Ihr Unternehmen wüßte, was es alles weiß... : das Praxishandbuch zum Wissensmanagement; Verlag Moderne Industrie, Landsberg 1998*

[28] FREY-LUXEMBURGER, M.: *Wissensmanagement – Grundlagen und praktische Anwendung;* Springer Vieweg, Wiesbaden 2014

[29] GERHARDS, S., TRAUNER, B.: *Wissensmanagement : 7 Bausteine für die Umsetzung in der Praxis;* Hanser / Pocket Power, München 2010

[30] KELLER, CH., KASTRUP, CH.; WISSENSMANAGEMENT: *Wissen organisieren – Wettbewerbsvorteile sichern;* Cornelsen / Pocket Business, Berlin 2009

[31] LEHNER, F.; WISSENSMANAGEMENT: *Grundlagen, Methoden und technische Unterstützung;* Hanser, München 2012

[32] MITTELMANN, A.: *Werkzeugkasten Wissensmanagement;* Books on Demand, 2011

[33] NONAKA, I., TAKEUCHI, H.: *Die Organisation des Wissens: Wie japanische Unternehmen eine brachliegende Ressource nutzbar machen;* Campus, Frankfurt/New York 2012

[34] NORTH, K.: *Wissensorientierte Unternehmensführung: Wertschöpfung durch Wissen;* Gabler, Wiesbaden 2012

[35] PFIFFNER, M., STADELMANN, P.: *Wissen wirksam machen;* Campus, Frankfurt a.M. 2012

[36] PIRCHER, R.: *Wissensmanagement, Wissenstransfer, Wissensnetzwerke: Konzepte, Methoden, Erfahrungen;* Publicis Publishing, Erlangen 2014

[37] PROBST, G., RAUB, S., ROMHARDT, K.: *Wissen managen: wie Unternehmen ihre wertvollste Ressource optimal nutzen;* Springer Gabler, Wiesbaden 2012

[38] REIBER, W.: *Vom Fachexperten zum Wissensunternehmer;* Springer Gabler, Wiesbaden 2013

[39] SEIBERT, M., PREUSS, S., RAUER, M.: *Enterprise-Wikis: die erfolgreiche Einführung und Nutzung von Wikis in Unternehmen;* Gabler, Wiesbaden 2011

[40] STARY, CH., MAROSCHER, M., STARY, E.: *Wissensmanagement in der Praxis : Methoden, Werkzeuge, Beispiele;* Hanser, München 2012

[41] WIESENBAUER, L.: *Erfolgsfaktor Wissen: das Know-how der Mitarbeiter wirksam nutzen;* Beltz, Weinheim 2001